STORY TURBO TOOLS: BESSER SCHREIBEN MIT SYSTEM!

DIE 18 BESTEN PROFI-TOOLS FÜR IHRE SCHREIBWERKSTATT

L.C. FREY

INHALT

Story Turbo Tools ... v
Über den Autor ... vii
Ein Schreib-Ratgeber über Werkzeuge? ... ix
Effizienz ist der Schlüssel! ... xi

TEIL EINS
DIE DREI PHASEN DES SCHREIBENS

1. Spannung in drei Phasen! ... 3
2. PHASE 1: Something from Nothing ... 5
3. Zusammenfassung PHASE I ... 7
4. PHASE 2: Der Ritt auf dem Bullet Train ... 9
5. Wozu wir die Beats brauchen ... 10
6. Wozu wir den Plot brauchen ... 12
7. Zusammenfassung PHASE II ... 13
8. PHASE 3: Finetuning ... 14
9. Zusammenfassung PHASE III ... 17
10. Los geht's! ... 18
11. Werkzeuge und Methoden ... 20

TEIL ZWEI
18 TURBO-TOOLS FÜR IHRE SCHREIBWERKSTATT

1. Timer ... 23
2. Ihr virtuelles Gedächtnis: das Notizbuch ... 25
3. Zusatz für Stressgeplagte: Sprachnotizen ... 28
4. Der gute, alte Schreibblock ... 30
5. Schreiben mit Tabs ... 33
6. Die Zeit im Griff: Ihre Timeline ... 35
7. StoryTurbo-Methode: Finden Sie Ihr Genre! ... 37
8. StoryTurbo-Methode: Die Idee brainstormen ... 41
9. StoryTurbo-Methode: Hin und Her ... 44
10. Ihre Schreibwerkstatt ... 46
11. Das Parkinsonsche Gesetz ... 50
12. Zehn Finger tippen mehr als zwei ... 53
13. Die #-Methode ... 55
14. Konzentration, bitte! ... 57

15. Dialoge aufmotzen	59
16. Wie Sie an Testleser kommen	61
17. So erleichtern Sie Ihren Testlesern die Arbeit	63
18. So finden Sie einen guten Lektor	66
Zum Schluss	69
Lesen Sie noch oder schreiben Sie schon?	71
StoryTurbo: Der Praxis-Ratgeber	75
NO TOMATO	79
Gratis-Buch	81
Bücher von L.C. Frey	83
Über den Autor	85

Alle Rechte vorbehalten. Nachdruck – auch auszugsweise – nur mit schriftlicher Genehmigung von L.C. Frey. Kein Teil des Werkes darf in irgendeiner Form (durch Fotografie, Mikrofilm oder andere Verfahren) ohne schriftliche Genehmigung des Autors reproduziert oder unter Verwendung elektronischer Systeme verarbeitet, vervielfältigt oder verbreitet werden.

Umschlaggestaltung: Ideekarree Leipzig
Unter Verwendung von ©yuravector, Fotolia.com und ©martialred, Fotolia.com

Impressum: L. C. Frey, c/o Alexander Pohl, Breitenfelder Str. 66, 04157 Leipzig, E-Mail: autor@lcfrey.de, Tel. 0341 / 91 888 977

Neugierig?
www.StoryTurbo.de

ÜBER DEN AUTOR

Mit über 2 Millionen verkauften Büchern ist **Alex Pohl** alias **L.C. Frey** einer der meistgelesenen Autoren Deutschlands. Er ist der Gastgeber des bekannten Video-Podcasts **Buchblase**.

Unter dem Pseudonym **Oliver Moros** schreibt er die Bestseller-Thriller-Reihe *Kripo Berlin: Edel und Stein ermitteln*. Alex Pohl ist Co-Autor des **Nr.1-SPIEGEL-Bestsellers** *Abgefackelt* des Rechtsmediziners **Prof. Michael Tsokos**.

Seine Bücher erscheinen bei namhaften Publikumsverlagen (**Penguin Random House, cbt Jugendbuch, Droemer Knaur, Amazon Publishing**) sowie im Eigenverlag.

Im März 2022 veröffentlichte er den über 1.600 Seiten starken, post-apokalyptischen Multi-Genre-Roman *Die Riftwelt-Saga*.

Er ist Autor der erfolgreichen Epic Fantasy-Reihe *The Age of Stone* um den wortkargen und schlagkräftigen Ex-Söldner namens Stone.

Als **Rita Hansen** schreibt er die spannende, humorvolle Inselkrimi-Reihe *Hansen & Sturm ermitteln*.

2024 wurde er mit dem Krimi-Preis *Herzogenrather Handschelle* für herausragende Kriminalliteratur geehrt.

Aktuelle Veröffentlichungen finden Sie **hier**.

Der Autor lebt und arbeitet in Leipzig.

www.LCFrey.de

facebook.com/lcfrey.autor
instagram.com/lcfrey.autor

Hallo,

ich bin L.C. Frey und ich erfinde Geschichten.

Unter meinen bislang veröffentlichten Büchern befinden sich zu meiner großen Freude auch ein paar Bestseller. Mit dem Schreiben angefangen habe ich übrigens erst vor ein paar Jahren, und zwar bei Null. Heute kann ich vom Schreiben leben, und dafür bin ich meinen Lesern ausgesprochen dankbar. Es ist der coolste Job der Welt, ehrlich.

Und wissen Sie was?

Ich möchte, dass Sie das auch können.

In spätestens 4 Wochen.

In meinem Buch **StoryTurbo: Der Praxis-Ratgeber mit System** habe ich es mir zur Aufgabe gemacht, Sie in die Lage zu versetzen, in nur 4 Wochen Ihr erstes (oder nächstes) eigenes Buch zu schreiben, und zwar in Form einer Schritt-für-Schritt-Anleitung für jeden Tag.

Ja, Sie haben richtig gelesen.

In 4 Wochen. Von Null auf Hundert.

Wie das funktionieren soll?

Vor allem dadurch, dass ich den Prozess des Schreibens für Sie auf das Wesentliche reduziere. Ich bin davon überzeugt:

> **Alles, das Sie brauchen, um einen tollen Roman zu schreiben, ist der Wille, eine gute Story zu erzählen – und wie Sie das machen, steht in meinem Ratgeber.**

Der Rest ist Finetuning, sozusagen.

EFFIZIENZ IST DER SCHLÜSSEL!

Viele Autoren scheinen regelrecht besessen von nützlichen Werkzeugen aller Art. Warum? Vermutlich, weil sie wissen, dass das Schreiben von Büchern eine sehr zeitaufwändige Angelegenheit ist. Und zwar jedes Mal. Da führt kein (moralisch akzeptabler*) Weg dran vorbei.

Ich gehe davon aus, dass Sie Ihr Buch tatsächlich selbst verfassen möchten und dafür keinen Ghostwriter engagieren oder sich die Texte aus fremden Büchern zusammenklauen. Um diese Art von »Effizienz« geht es hier nämlich nicht!

Auf dem Markt gibt es folgerichtig jede Menge Schreibprogramme, sogenannte Produktivitätstools und sogar Apps, mit denen man die Hintergrundgeräusche, die in einem belebten Straßencafé herrschen, abspielen kann. Na ja. Was immer einem hilft.

Aber ehrlich?

Mir hilft es, meine Story von Anfang an so spannend zu machen, dass ich von ganz allein darauf konzentriert bin. Gesprächsfetzen von einem virtuellen Nachbartisch brauche ich dann gar nicht, die würden mich nur stören.

Die Werkzeuge, die mich interessieren, *erleichtern* mir die Arbeit des Schreibens und der damit verbundenen Organisation und ermöglichen es mir, mehrere Stunden täglich zu schreiben, ohne davon krank oder verrückt zu werden.

Und damit sparen sie mir eine Menge Zeit, in der ich schon über die nächste Geschichte nachdenken kann, während Andere noch ihre Notizen zusammensuchen oder ihre Sehnenscheidenentzündung auskurieren.

Die folgenden **Werkzeuge und Methoden** verwende ich täglich beim Schreiben und ich bin sicher, es sind jede Menge nützliche Anregungen für Sie dabei. Mein Ziel ist es, dass Sie Ihre wertvolle Schreibzeit nicht mit Schnickschnack vergeuden und noch lange viele tolle Geschichten erfinden können.

Klingt das nach einem Plan?

Fein.

Doch zunächst muss ich Sie mit einem Minimum an Vorgeplänkel quälen, wenn Sie gestatten. Den **TurboTools** liegt nämlich ein System zugrunde.

Sie ahnen es, es handelt sich um die **StoryTurbo-Methode** aus dem gleichnamigen Buch. Und die fußt, wie bereits erwähnt, auf einem Höchstmaß an Effizienz. Das beginnt damit, dass ich das **Schreiben in drei Phasen** aufteile, die ich strikt voneinander trenne.

Auch dieses Büchlein habe ich aufgeteilt, und zwar wie folgt:

TEIL I. Die Drei Phasen Des Schreibens

Damit Sie verstehen können, warum mir das Thema »Werkzeuge« so wichtig ist, möchte ich Ihnen noch kurz meine **StoryTurbo**-Methode erläutern, zumindest in Grundzügen. Als ein kleiner Produktivitäts-Bonus und in der Hoffnung, dass Sie vielleicht Lust bekommen, sich einmal ausführlicher damit zu befassen. Wenn ja, würde mich das freuen. Und wenn nicht, können Sie die **Turbo-Tools** aus diesem Buch natürlich trotzdem uneingeschränkt für Ihre Arbeit nutzen.

TEIL II: 18 Turbo-Tools für Ihre Schreibwerkstatt

Darin werden wir uns mit den nützlichen Werkzeugen und Methoden beschäftigen, die ich Ihnen beim Schreiben ans Herz legen möchte. Dabei bitte ich Sie, den Begriff »Werkzeuge« nicht all zu streng zu nehmen. Ich stelle Ihnen vom geeigneten Büromöbel über Software bis hin zu ein paar netten Tipps und Tricks eine recht breite Palette meiner liebsten **TurboTools** vor, und zwar in aller Kürze.

Machen Sie es wie Bruce Lee: Nehmen Sie das mit, was Ihnen nützlich erscheint und werfen Sie den Rest weg. Kommen Sie später zurück, wenn Sie Lust auf mehr haben. Das Autorendasein ist ein ständiger Lernprozess und vielleicht können Sie in ein paar Jahren einen Tipp gut gebrauchen, der Ihnen jetzt noch wenig nützlich erscheint.

Und jetzt lade ich Sie ein zu einem kleinen Rundgang durch meine Schreibwerkstatt – direkt nach dem nächsten Kapitel öffne ich meine Werkzeugkiste für Sie.

Ihr

L.C. Frey

P.S.: Schauen Sie doch mal auf meiner Website **www.StoryTurbo.de** vorbei. Dort können Sie in aller Ruhe durch meine unregelmäßig erscheinenden Schreibtipps im **Blog** stöbern oder sie gleich abonnieren – kostenlos und bequem alle paar Tage in Ihr Postfach, damit Sie nichts verpassen.

TEIL EINS
DIE DREI PHASEN DES SCHREIBENS

KAPITEL 1
SPANNUNG IN DREI PHASEN!

Die **StoryTurbo-Methode** basiert zu einem großen Teil auf der Erkenntnis, dass sich das Schreiben in **drei Phasen** unterteilen lässt.

Na, das haut Sie jetzt um, oder?

Okay, ich bin vielleicht nicht der erste, der das feststellt, und ganz sicher nicht der einzige, der sich diese Weisheit zunutze macht, aber mich persönlich hat diese Erkenntnis ganz schön vorangebracht. Sie hat mir unter anderem dabei geholfen, statt ein oder zwei Büchern pro Jahr acht oder zehn schreiben zu können. Und nicht etwa hastig hingeschluderten Schund, in aller Bescheidenheit. Sondern welche, die sogar noch besser, durchdachter und vor allem spannender waren als ihre Vorgänger.

Klingt das nach etwas, das Ihnen nützlich sein könnte? Das will ich doch hoffen.

Ich schreibe Thriller, wie Sie vielleicht wissen, daher ist Spannung ein Thema, um das sich bei mir alles dreht. Und wissen Sie was? Bei Ihrem Buch ist das mit Sicherheit genauso, egal, in welchem Genre Sie schreiben, ob es sich um Liebesromane, Horror oder Kinderbücher handelt. Oder um Sachbücher. Wetten?

Hier ist etwas, das wir Autoren uns alle irgendwo gut sichtbar hintätowieren lassen sollten, am besten an eine Stelle, wo wir ständig draufstarren müssen. Die Fingerknöchel wären zum Beispiel ein Anfang.

Die erste Regel des Fight, äh … Schreib-Club lautet:

Langweilen Sie <u>niemals</u> Ihre Leser!

Worüber Sie auch immer schreiben mögen, es ist Ihre oberste Pflicht, Ihre Leser gut zu unterhalten. Und das ist nur einer der Gründe, warum ich das Schreiben meiner Bücher in drei voneinander getrennte Phasen unterteile, und Ihnen rate, dasselbe zu tun. Damit es spannend und überschaubar bleibt, und zwar für Ihre Leser *und* für Sie.

Spannend und vielschichtig sollten die Arbeit und ergo das Ergebnis sein, und nicht verworren und chaotisch. Das ist nämlich ein feiner Unterschied.

Sind Sie soweit immer noch auf meiner Seite? Gut.

Dann lassen Sie mich Ihnen nun meine drei Phasen des Schreibens vorstellen. Ich versuche, jeder Phase einen Namen zu geben und Ihnen kurz zu beschreiben, was wir vorhaben, womit wir anfangen, und was das Ziel der jeweiligen Phase ist. Danach öffnen wir aber wirklich die versprochene Werkzeugkiste.

KAPITEL 2

PHASE 1: SOMETHING FROM NOTHING

Wir starten bei Null. Das heißt, genaugenommen starten wir mit unserem Notizbuch*. Das ist übrigens auch schon ein Schreibwerkzeug. Ich verrate Ihnen gleich, was für eins Sie brauchen und wie Sie es am besten verwenden.

Sollte dies Ihr erstes Buch sein, und Sie wirklich keinerlei Idee haben, wovon es eigentlich handeln könnte, wird Ihr Notizbuch vermutlich noch leer sein. Sie sollten sich zunächst ein wenig mit den Themen Genre und Brainstorming auseinandersetzen. Dazu gleich mehr (Tools Nummer 8 und 9)

So kommen Sie auf Ihre Idee. Anschließend sollten Sie sie testen – auf Spannung nämlich, und ob sie sich überhaupt für eine gute Story eignet. Dann verfeinern Sie das Ganze mit ein paar literarischen Gartenkräutern. Fertig ist der leckere Ideen-Eintopf.

Aus dieser Idee entstehen nach und nach zwei Dokumente:

- **Der Plot.** Ein kurzer Handlungsabriss

- **Die Beats.** Ein etwas längeres Dokument, das die gesamte Handlung Ihres zukünftigen Buches enthält, und zwar aufgeteilt in einzelne Szenen. Wenn Sie damit fertig sind, sind diese *Beats* auch schon in der Reihenfolge angeordnet, wie sie dann später im Buch als Kapitel stehen werden – zumindest einigermaßen

Vermutlich werden Ihr *Plot* und Ihre *Beats* nicht schon beim ersten Versuch reibungslos als vollständige Handlung funktionieren. Deshalb schreiben Sie immer abwechselnd mehrere Versionen, und zwar immer wieder von vorn und aus dem Gedächtnis, also ohne die alten Versionen anzuschauen.

Sie schreiben einen *Plot*, und erweitern Ihn zu den ausführlicheren *Beats*, aus denen dann wiederum die nächste Version des *Plots* entsteht, und immer so weiter, bis alles passt.

Auf diese Weise »destillieren« Sie Ihre Idee auf das Wesentliche, und machen aus einem Staubkorn (Ihrer ursprünglichen Idee) eine Perle (eine **spannende, logische und chronologisch sinnvolle** Handlung für Ihr Buch.) Ein bisschen ausführlicher erkläre ich Ihnen das in der StoryTurbo-Methode »Hin und Her«, diese ist **TURBOTOOL Nr. 9** in diesem Buch.

Das war's auch schon. Mehr brauchen Sie nicht, um in *PHASE 2*, den *Ritt auf dem Bullet Train*, einzusteigen. Abgesehen von ein paar Werkzeugen natürlich, die Sie bei dieser Arbeit unterstützen.

KAPITEL 3
ZUSAMMENFASSUNG PHASE I

Am Anfang der Phase 1 haben wir:

- Null. Nada. Zilch. Zero. Okay, vielleicht eine Idee, wenn Ihnen zufällig eine gute im Kopf herumspukt. Aber das ist kein Muss, wir können auch in der absoluten Leere starten. Das hat ja beim Universum auch ganz gut funktioniert. Bitteschön, hier ist Ihr Story-Urknall!

Am Ende der Phase 1 haben wir:

- Ein logisches Grundgerüst der Handlung Ihres Buches, das Sie selbst (und später hoffentlich auch Ihre Leser) als *spannend, glaubwürdig und logisch* empfinden, bestehend aus einzelnen Szenen.

Umfang:

- Etwa **X*** *Beats* (szenische Einheiten) und **eine zweiseitige Übersicht** über die Handlung in Kurzform, sprich: Ihr *Plot*.

*Die Zahl X errechnet sich über den Daumen gepeilt wie folgt:

X = Anzahl der angestrebten Seiten Ihres Romans / 5

Beispiel: Für einem Roman, der später etwa 250 Seiten haben soll, werden Sie etwa 50 Beats schreiben müssen. Aber nehmen Sie die Zahl nicht all zu genau. Wenn Sie aus einem Beat 10 Seiten zaubern können, gut für Sie! Dann brauchen Sie logischerweise nur 25 Beats.

Schreiben Sie lieber mehr kurze Beats als wenige lange. Warum? Kurze Beats bedeutet: Kurze Kapitel, und das bedeutet höchstwahrscheinliche eine spannende Handlung. Sie erinnern sich an die erste Regel des Schreib-Club? Genau.

Außerdem kann es passieren, dass sie Logikfehler übersehen, wenn Sie zu wenige Beats schreiben. Werden Sie immer so konkret wie nötig, wenn Sie die Handlung beschreiben, geben Sie sich nicht mit »Da wird mir später beim Schreiben schon eine Lösung einfallen.« zufrieden. Wird sie nämlich nicht, aller Vorraussicht nach. Und dann stehen Sie schön blöd da, mit 150 Manuskriptseiten, die in einem gewaltigen Logikhänger gipfeln. Sparen Sie sich die Zeit und den Frust!

KAPITEL 4
PHASE 2: DER RITT AUF DEM BULLET TRAIN

Jetzt haben wir einen Fahrplan Ihrer Handlung, in Form zweier Dokumente: *Plot* und *Beats*. Das Schöne dabei ist: Wir haben schon in *Phase 1* dafür gesorgt, dass uns dieser Fahrplan später nicht im Stich lassen wird und damit die Wahrscheinlichkeit dafür enorm erhöht, dass wir tatsächlich am Ziel ankommen. Das heißt, dass die Handlung unserer Story bereits ***spannend, glaubwürdig und logisch*** ist, und zwar noch, bevor wir ein einziges Wort geschrieben haben.

Cool, oder?

KAPITEL 5
WOZU WIR DIE BEATS BRAUCHEN

Unser *Beats*-Dokument ermöglicht uns, die Handlung einfach »runterzuschreiben«, ohne all zu viel über die Konsequenzen nachzudenken. Indem wir nämlich einfach aus jedem *Beat* eine Szene machen. Wir wissen ja schon stichpunktartig, wie die Szene beginnt, wie sie endet, was dazwischen passiert und warum. Und das schreiben wir einfach »längere Prosa« nieder, fertig. Aus den Stichpunkten werden Sätze, und zwar mehrere pro Stichpunkt. So kommen wir auf unsere 3-5 (oder wie viele auch immer) Seiten pro *Beat*.

Wichtig! Je *mittelmäßiger* unsere »Prosa« in diesem Stadium ausfällt, desto besser.

Erwarten Sie keine Meisterleistung von sich (oder irgendwem) an dieser Stelle.

Das kommt alles später.

Genau das ist der Trick: *Trauen Sie sich*, etwas fertigzuschreiben, dass Sie in dieser Form *niemals* veröffentlichen würden. Etwas, das voller Tippfehler ist, und jeder Menge schiefer Metaphern, das vor Stil- und Ausdrucksfehlern nur so strotzt. Alles prima, solange es nur keine groben Logikschnitzer sind. Denn die haben wir ja schon in *Phase 1* hoffentlich alle erwischt.

Machen Sie sich klar: Jedes gute Buch existierte einmal in dieser rohen Urform, und deren Autoren würden sich vermutlich was schämen, wenn diese Entwürfe an die Öffentlichkeit gerieten.

Es ist nur so: Sie als Leser haben diese krude Zwischenstufe nie zu Gesicht bekommen, es sei denn, Sie gehören zum engsten Kreis der Vertrauten des Autors. Weil ich ein netter Kerl bin, hänge ich Ihnen am Ende des Buches mal einen solchen Entwurf aus meiner Feder an.

Da haben Sie was zu lachen, versprochen!

KAPITEL 6
WOZU WIR DEN PLOT BRAUCHEN

Den zweiseitigen Handlungsabriss in Kurzform, den Sie in *Phase 1* geschrieben haben, werden Sie später noch öfter brauchen. Zum Beispiel, wenn Sie das Buch veröffentlichen oder es einem Agenten oder dem Verlag anbieten. Zunächst dient er uns als grobe Landkarte, sozusagen als »Blick von ganz oben«.

Sollten Sie mal die Orientierung verlieren und sich vergaloppieren, lesen Sie die zwei Seiten des Plots nochmals durch. Sie wissen bereits alles, das Sie wissen müssen: Wie die Story beginnt, wie sie endet, und was Wesentliches dazwischen passiert. Der Rest passiert, indem Sie Ihre Fingerkuppen auf die Tasten niedersausen lassen, und zwar nicht zu knapp. Mindestens für die nächsten zwei Wochen.

KAPITEL 7
ZUSAMMENFASSUNG PHASE II

Am Anfang dieser Phase haben wir:

- 50 *Beats* (szenische Einheiten), Umfang: etwa 20-50 Seiten
- Eine etwa zweiseitige Kurzübersicht der Handlung (*Plot*)

Am Ende dieser Phase haben wir:

- Ein krudes, hässliches Ding voller Fehler, Logiklücken und Unsinn, an dessen Ende jedoch das alles entscheidende Wörtchen *ENDE* steht.

Umfang:

- ca. 250 Seiten, plus/minus. Wenn Sie das geschafft haben, ist es zum ersten Mal Zeit für Schampus oder Apfelschorle. Spätestens jetzt sind Sie ein Autor. Einer mit einem Manuskript, nämlich.

KAPITEL 8
PHASE 3: FINETUNING

Herzlichen Glückwunsch, Sie haben ein Buch geschrieben!
Naja, beinahe.
Es ist noch lange nicht so weit, dass man es guten Gewissens drucken und jemandem verkaufen könnte, aber jetzt haben Sie schon mal eine ausgezeichnete Grundlage. Eine Spielwiese für Ihre Kunst, auf der Sie sich nach Kräften austoben können und das sollten Sie auch.

Dazu gehören folgende Schritte:

Lesen auf *innere Logik* der Handlung. Achten Sie in diesem Durchgang weder auf Stilistik oder Ausdruck, und schon gar nicht auf die Rechtschreibung. Konzentrieren Sie sich lediglich darauf, dass die Handlung zu jedem Zeitpunkt *sinnvoll* ist und den Prinzipien von *Ursache und Wirkung** folgt. Hier sollten Sie eigentlich keine all zu großen Probleme haben, denn darum haben wir uns ebenfalls bereit in *Phase 1* ausführlich gekümmert.

*Kurz gesagt: Nichts passiert jemals ohne guten Grund, das wusste auch der olle Newton schon. Vielleicht geschieht ja ab und zu im richtigen Leben etwas scheinbar aus purem Zufall, aber ganz bestimmt nicht in Ihrem Buch, okay?

Jeder Charakter sollte zu jeder Zeit ein konkretes Ziel verfolgen,

und zwar immer aus einem für den Leser nachvollziehbaren Grund. Das nennt man die *Motivation* der Figur. Diese muss nicht immer die tatsächliche Motivation der handelnden Figur sein – auch fiktive Menschen dürfen lügen, was ihre Absichten betrifft. In einem Thriller weiß man oftmals erst am Schluss, warum manche Dinge so passiert sind, wie sie passiert sind, und was die Figuren tatsächlich umgetrieben hat. Aber spätestens dann sollten alle diese Dinge einen Sinn ergeben. Auch die falschen Fährten, auch die Sie Ihre Leser gelockt haben.

Lösen Sie die # auf. Das ist ein mächtiges Werkzeug, mit dem Sie sich in *Phase 2* selbst davon abhalten werden, Unmengen Ihrer Zeit zu vergeuden, während Sie eigentlich den »Drive« nutzen und schreiben sollten. Das # ist **TURBOTOOL Nr. 13.**

Recherche. Falls diese jetzt nötig wird. Hier sollte es nurmehr um Details gehen: *War dieses oder jenes Waffenmodell gebräuchlich in der Zeit, in der Ihre Handlung spielt? Wieviele Sterne hat ein Polizeihauptmeister auf der Schulter?* Solche Sachen, den Rest sollten Sie schon in *Phase 1* geklärt haben.

Alles auf Elf! Hier polieren Sie. Und zwar die Spannung in jeder einzelnen Szene, bis sie glänzt und man gar nicht anders kann, als am Ende des Kapitels umzublättern und das nächste anzufangen.

Streichen Sie alles raus, das weder die Handlung voranbringt noch dem Leser darin unterstützt, Empathie für den handelnden Charakter zu entwickeln. So etwas nennt sich dann »Pageturner«, wenn Sie es gut machen.

In meinem Buch **StoryTurbo: Der Praxis-Ratgeber mit System** erkläre ich Ihnen im Detail, wie man so etwas macht.

Wo Sie schon dabei sind, feilen Sie hier gleich noch an Ausdruck, Stil und den Dialogen Ihrer Figuren. Jetzt ist die richtige Zeit dafür. Und dann feilen Sie nochmal an den Dialogen.

Testleser. Diese Geheimwaffe zählt zum Standardrepertoire der meisten hervorragenden Autoren. Sie erinnern sich: Die Leser sind ein paar der wundervollen Menschen, für die wir unsere Bücher schreiben (und nicht für uns selbst, auch wenn das anfangs eine legitime Motivation ist!). Deshalb sollten wir uns ihre Meinung und Kommentare *sehr* zu Herzen nehmen. Wo sonst bekommen Sie Gelegenheit, ein »Produkt« an der »Zielgruppe« zu testen, bevor sie es »auf den Markt werfen«? Und wenn Ihnen das jetzt zu kapitalistisch klingt, dann halten Sie sich eins vor Augen: Wenn Sie vom Bücherschreiben leben wollen, *müssen* Sie Ihre Bücher auch verkaufen. Und jetzt raten Sie mal, an wen! Genau, an Ihre *Leser*. Halten Sie sie deshalb unbedingt bei Laune! Ich verrate Ihnen gleich, wie. Und zwar am Beispiel *meiner* Testleser – den mit Abstand coolsten Leuten auf diesem Planeten. Das ist **TURBOTOOL Nr. 16.**

Lektorat und Korrektorat. Jetzt wird es Zeit, Ihr Buch erstmals von einem Profi durchsehen zu lassen. Während Sie bei Ihren Testlesern lernen sollten, zwischen konstruktiver und nicht so konstruktiver Kritik zu unterscheiden, sollten Sie *unbedingt und unter allen Umständen* auf das hören, was Ihnen Ihr Lektor zu sagen hat. Die Wahrscheinlichkeit ist hoch, dass dieser Mensch weit mehr davon versteht, was ein erfolgreiches Buch ausmacht als Sie oder ich. Bücher erfolgreich zu machen, ist nämlich *sein* Job. Unserer ist es, ihm dafür eine möglichst gute Steilvorlage zu liefern.

KAPITEL 9
ZUSAMMENFASSUNG PHASE III

Am Anfang der Phase III haben wir:

- Einen ungeschliffenen Rohdiamanten. Eine krude Vorstufe des Textes, aus dem einmal Ihr Buch werden soll.

Am Ende der Phase III haben wir:

- Eine getestete, geschliffene und in jeder Hinsicht optimale Version von etwas, das schon eine ziemlich große Ähnlichkeit mit einem fertigen Buch hat, kurz: Ihr druckreifes Manuskript.

Umfang:

- Ein fertiger Roman von ca. 250 Seiten

Herzlichen Glückwunsch!
Schauen wir uns nun an, welche Tools Ihnen beim Schreiben das Leben leichter machen können.
Treten Sie ein in meine Schreibwerkstatt!

KAPITEL 10
LOS GEHT'S!

Nachdem Sie nun einen groben Überblick über das haben, was ich als die *drei Phasen des Schreibens* bezeichne, möchte ich Ihnen jetzt noch ein paar nützliche Werkzeuge und Methoden vorstellen, die Ihnen dabei helfen sollen, die Schritte in den einzelnen Phasen effizient und treffsicher umzusetzen.

Im Grunde haben Sie damit schon eine Menge von dem, das Sie brauchen, um ein gutes Buch zu schreiben. Ausführlich und mit ein paar hoffentlich unterhaltsamen Beispielen gespickt finden Sie das Ganze in meinem **StoryTurbo**-Ratgeber.

Übrigens: Wenn Sie sich gerade wundern, wo denn all die wundervollen Theoriegebilde wie Dramenstruktur, Heldenreise und die mindestens 57 Kapitel über die innere Entwicklung des Protagonisten bleiben: Auch darauf gehe ich im **StoryTurbo** ein. Aber, wie Sie es von mir kennen: So kurz und knapp wie gerade nötig.

Ich glaube nämlich, dass Sie diese ganze Theorie nicht zwingend brauchen, um gute Bücher schreiben zu können. Die brauchen Sie erst, wenn Sie der Meinung sind, dass sie Ihnen helfen könnte, *noch viel bessere* Bücher zu schreiben. Und was Sie machen, wenn es soweit ist, steht ebenfalls im **StoryTurbo**.

Aber erstmal wollen Sie doch Bücher *schreiben*, und nicht bloß Theorien darüber lesen, oder?

Krempeln Sie die Ärmel hoch, es geht los!

KAPITEL 11
WERKZEUGE UND METHODEN

In *Phase 1:* **Something from Nothing** haben wir aus einem Garnichts einen Plot gemacht. Das heißt: Jede Menge Brainstorming und Feilen an unserer Idee. Und das sollte vor allem eines nicht: Ausarten!

Mit den folgenden Werkzeugen kommen Sie schnell und effizient zum Punkt und finden die Idee, welche die Grundlage für Ihren nächsten Bestseller bilden wird.

Und zwar heute.

Jetzt sofort.

Nicht erst morgen oder nächste Woche.

… TEIL ZWEI

18 TURBO-TOOLS FÜR IHRE SCHREIBWERKSTATT

KAPITEL 1
TIMER

Oh, Mann, ich liebe dieses Gerät.

Ein Timer ist eine Art Eieruhr, die Sie auf eine beliebige Zeit einstellen können und dann sehen Sie zu, wie die Zeit rückwärts läuft. Ein bisschen wie bei einer tickenden Bombe, und genau das ist der Witz dabei.

Tick, tack.

Bloß dass Ihr Timer piept oder klingelt, wenn die Zeit abgelaufen ist, anstatt zu explodieren. Gut für Sie.

Die 1-Stunden-Methode. Ich habe herausgefunden, dass eine Stunde für mich eine gute Zeiteinheit ist, gefolgt von etwa zehn Minuten Pause. Wenn ich zum Beispiel ein logisches Problem in meinem Plot beackere oder mir eine Idee zusammenbrainstorme, dann ist das eine der Methoden, auf die ich sehr häufig zurückgreife:

Timer auf eine Stunde stellen.

Intensiv nachdenken, herumkritzeln und mit dem Kopf gegen die Wand rennen. Herumlaufen, falls nötig. Nichts notieren, erstmal nur Gedankenspiele machen.

Zehn Minuten Pause

Wenn ich in dieser Stunde und vielleicht noch der nächsten nicht wirklich vorangekommen bin, wird es Zeit, Grundlegendes zu der

Idee zu überdenken. Ist sie es überhaupt wert, dass ich weiter darüber nachdenke? Bin ich schon bereit, ein solches Buch zu schreiben, wie es die Idee diktiert? Wenn nicht, probiere ich was Anderes. Da bin ich ziemlich rigoros. Ich habe nämlich keine Zeit für Unfug.

Als Timer benutze ich übrigens eine digitale Eieruhr wie diese hier im Bild. Es steht direkt unter dem Monitor, auf den ich starre, während ich versuche, ein Problem zu lösen. Da kann ich sie nicht wegklicken, während ich zusehen muss, wie die Zeit verrinnt. Sekunde für Sekunde. *Tick, tack.* Gnadenlos. Das macht mir den Druck, den ich brauche, um arbeiten zu können.

Wenn Sie keine Digitaluhr haben, finden Sie dank der allgemeinen Fitnessbegeisterung unzählige Timer-Apps für Ihr Handy oder Tablet, suchen Sie einfach mal nach dem Begriff »Timer« in Ihrem Appstore. Ich persönlich finde es aber wichtig, die zusammenschrumpfenden Minuten und Sekunden zu jeder Zeit deutlich sichtbar vor mir zu haben. Daher die Digitaluhr mit dem großen Display. Und wenn die Ziffern darauf Sie aggressiv rot anstrahlen und Ihnen höhnische Fratzen schneiden, umso besser!

KAPITEL 2
IHR VIRTUELLES GEDÄCHTNIS: DAS NOTIZBUCH

Falls Sie sich gerade einen kleinen Vorrat hübscher Moleskin-Notizbücher mit Ihrem Namen haben prägen lassen: Sorry, aber hier muss ich eine Lanze für den Computer brechen, beziehungsweise das Smartphone. Dessen Gedächtnis ist meinem nämlich weit überlegen. Und Ihrem auch, wollen wir wetten?

Ich empfehle Ihnen dringend, *alle* Notizen an *einer* Stelle zu speichern. Und zwar an einer, auf die sie von überall zugreifen können, und die von Ihren Notizen auch gleich automatisch Backups erstellt.

Im Jahre 2017 kann das nur eines bedeuten, nämlich eine cloudbasierte Lösung. Falls Sie nicht wissen, was das ist: Ihre Daten werden auf einem Server im Internet abgelegt und Sie können von überall drauf zugreifen, die Daten von jedem Gerät aus verändern und dann wird alles miteinander synchronisiert. Hä?

Ein Beispiel: Sie tippen unterwegs eine Idee für eine tolle Story in Ihr Handy, während Sie auf dem Nachhauseweg auf die S-Bahn warten. Dann ergänzen Sie noch ein paar Details mit Ihrem Tablet, während Sie nach Hause fahren, und kaum haben Sie Ihr Schreibbüro erreicht, werfen Sie den PC an und machen aus der Idee ein Buch. Welches Sie im Garten auf dem Laptop zu Ende schreiben. Oder auf dem Südpol, sofern Sie dort Internetempfang haben.

Cool, oder?

Versuchen Sie das mal mit Ihrem Moleskin-Notizbuch!

Bei mir hätte ein Notizbuch mittlerweile weit über tausend Seiten, die ich ganz bestimmt nicht ständig mit mir herumschleppen will. Von Ordnern voller Loseblattsammlungen fange ich gar nicht erst an. Wenn Sie da erst mal zu suchen beginnen, finden Sie bald überhaupt nichts mehr. Und deshalb liebe ich papierlose Notizen: Ich habe sie immer dabei und sie wiegen rein gar nichts.

Das Programm, das ich dafür benutze, heißt *Evernote*.

Evernote ist es völlig wurscht, ob Sie über ein Handy, Ihr Tablet, den Familien-PC oder Ihr MacBook auf Ihre Notizen zugreifen. Auf bis zu zwei Geräten dürfen Sie es kostenlos benutzen, wenn Sie mehr wollen, kostet Sie der Spaß gerade mal 30 € im Jahr.

Man kann in Evernote Notizbücher anlegen, denen dann Notizen zuordnen und diese Notizbücher wiederum in Stapeln ordnen. Ohne, dass es einen Millimeter Ihres Buchregals in Anspruch nimmt. Und sollten Sie Ihr Handy verlieren, ist ja alles immer noch in der Cloud gespeichert und Sie können einfach von einem anderen Gerät darauf zugreifen.

Es gibt auch kostenlose Alternativen, zum Beispiel *Google Notizen, Microsoft OneNote, Wunderlist* (aus Berlin!), *Apple Notes* und etliche mehr. Schauen Sie sich ein paar an und nehmen Sie die, welche Sie am meisten anspricht. Ich bin ein *Evernote*-Typ und seit vielen Jahren sehr zufrieden mit der App.

Link: **www.evernote.com**

Noch ein Wort zu Notizen im Allgemeinen. Notizen gehören für mich in die Kategorie »Vorab« und haben noch nichts mit der aktiven Arbeit an einer Geschichte zu tun. Pures kreatives Chaos sozusagen. In diesem Stadium schreibe ich einfach alles Mögliche auf: Namen von Figuren, interessante Twists, spannend klingende Titel. Was-wäre-wenn-Fragen. Coverideen. Einfach so drauflos.

Und so halte ich Ordnung in diesem Kreativchaos: Die Notizen in Evernote werden automatisch mit einem Zeitstempel versehen, darum muss ich mich also nicht kümmern. Praktisch. Ich gebe der Notiz daher eine möglichst einprägsame Überschrift, zum Beispiel: »Hamburg-Thriller mit 108-jähriger Kommissarin«.

Dann tippe ich drauflos.

Wenn es möglich ist, ordne ich die Idee einem Notizbuchstapel zu. Diese sind bei mir nach Genres benannt, zum Beispiel: *Thriller, Kinderbuch, Romance, Jugendroman, Erotik, Horror* und so weiter, weil das Genre so ziemlich das einzige ist, das ich schon in diesem frühen Stadium weiß. Und falls nicht, kommt die Notiz einfach in den Stapel »Allgemein«.

Immer dabei! Weil es auch auf meinem Handy ist, habe ich mein Notizbuch stets griffbereit. Wir werden das Notizbuch spätestens im Kapitel *Die Idee brainstormen* (**TURBOTOOL Nr. 8**) wieder brauchen. Je voller es dann ist, umso besser.

KAPITEL 3
ZUSATZ FÜR STRESSGEPLAGTE: SPRACHNOTIZEN

Wenn es mal schnell gehen muss oder ich gerade vom Joggen komme und meine Tastatur nicht vollschwitzen möchte, weil das eklig ist, benutze ich auch mal den Audiorecorder.

Früher nannte man so etwas Diktiergerät, und jeder Schriftsteller, der was auf sich hielt, hatte solch ein Ding in der Brusttasche seines Tweed-Jacketts dabei.

Heutzutage finden Sie eine entsprechende App kostenlos für jedes Smartphone, oder man schmeißt Ihnen digitale Handheld-Recorder für ein paar Euro hinterher. Im Zweifelsfall rate ich allerdings zum Smartphone, weil Sie dort den Luxus haben, Ihre Sprachnotizen mit einem Namen versehen zu können, was sich als überaus praktisch herausstellen könnte, wenn Sie sie später wieder hervorkramen. Und Sie können sie sogar in Evernote einbinden und damit auch gleich in die Cloud hochladen.

Wenn Sie kein Smartphone und auch kein Diktiergerät besitzen, machen Sie es auf die Oldschool-Art: Rufen Sie Ihren eigenen Anrufbeantworter an und hinterlassen Sie die Notiz als Nachricht an sich selbst. Warnen Sie aber Ihren Partner oder Ihre Mama vor, damit Sie den Entwurf für Ihren neuen Thriller nicht für den Anruf eines Geisteskranken hält und die Polizei verständigt.

Später tippen Sie das Ganze ab, und zwar in Ihr digitales *Notizbuch*, und dann ab in die Cloud damit.

KAPITEL 4
DER GUTE, ALTE SCHREIBBLOCK

Sie haben es vielleicht schon bemerkt, ich bin ein kleiner Fan von digitalen Werkzeugen und diesem ganzen neumodischen Kram. Hauptsächlich deshalb, weil ich ein großer Fan von Effizienz bin. Ich möchte meine Arbeitszeit optimal nutzen, weil mir das hilft, bessere Bücher zu schreiben und anschließend meine Freizeit intensiver zu genießen.

Und jetzt erzähle ich Ihnen, dass wir einen Schreibblock brauchen? Aus Papier? Analog? Mit einem richtigen Stift?

Jep.

Erstens hilft Ihnen das dabei, dass Ihre Handschrift nicht komplett zum Teufel geht. Haben Sie mal das unleserliche Geschmiere von jemandem gesehen, der nur noch tippt? Furchtbar. Und was machen Sie, wenn Sie Ihre Bücher mal signieren müssen? Sich blamieren, genau! Deshalb: Besorgen Sie sich einen Schreibblock und nutzen Sie ihn. Auch noch für die folgenden Dinge.

Brainstorming. Wenn Sie kein tolles *Whiteboard* haben, auf das Sie Ihre spontanen Ideen kritzeln können, so wie ich, dann nutzen Sie stattdessen den Block. Ich besitze und nutze beides. Mehr dazu im Abschnitt *Brainstorming von Ideen*.

Zwischendurch-Notizen. Während Sie schreiben, sollten Sie sich nicht ablenken lassen. Also nicht das Handy rauskramen und eine *Evernote*-Notiz verfassen oder auf dem Rechner ein anderes Fenster aufklicken, um zu gucken, wie spät es auf Facebook ist. Schreiben Sie Ihre Gedanken stattdessen auf Ihren Block, den Sie neben Ihre Schreibhand auf den Schreibtisch legen und dann konzentrieren Sie sich wieder auf den Bildschirm.

TDL*-Notizen. Hier ist noch ein rattenscharfer Trick zum Thema Ablenkungsfreiheit. Wenn Ihnen während des Schreibens etwas Superwichtiges einfällt, wie zum Beispiel, dass Sie vergessen haben, Milch zu kaufen, obwohl das Wochenende naht, reißen Sie ein Extrablatt aus Ihrem Block und schreiben Sie es darauf. Dann vergessen Sie es und kümmern sich wieder ums Schreiben. Einkaufen und das Geschirr abwaschen können Sie, wenn Sie Ihr Schreibsoll für heute erfüllt haben. Ja, Prokrastination ist manchmal Teil des Jobs. Hier ist sie sogar ziemlich nützlich.

*TDL soll heißen: To Do Later (»Später zu erledigen«).

Kritzeleien. Manchmal hilft es, eine Skizze zu machen, von einer Szene oder Figur, dem Grundriss eines Gebäudes oder sonst irgendwas. Manchmal hilft es auch dem Gehirn ein bisschen auf die Sprünge, einfach nur herumzukritzeln, besonders beim Brainstorming.

Übung: Stellen Sie den Timer fürs Kritzeln auf maximal fünf Minuten und dann malen Sie den Stift leer!

Das geht auf nichts so gut wie auf einem schönen Block. Wenn Ihre Ansammlung von frivolen Strichmännchen fertig ist, hängen Sie das Bild deutlich sichtbar an Ihre Wand als Inspiration. Jedem, der Ihren Raum betritt, wird sofort klar sein, dass er es hier mit einem echten Profi zu tun hat.

Der perfekte Block. Ihr Schreibblock sollte über einen Deckel und eine Spiralbindung verfügen. Das ist wichtig, um die Notizen schnell verbergen zu können. Denn:

> *Niemand* **sieht Ihr Buch, bevor nicht ENDE unter dem Erstentwurf steht. Niemand!**

Das ist übrigens die zweite Regel des Schreib-Klubs!

Die Spiralbindung brauchen Sie, damit der Block schön flach auf

Ihrem Schreibtisch liegen kann, optimalerweise neben Ihrer Schreibhand. Ansonsten stellen sich nämlich die Seiten auf und das ist furchtbar hässlich anzuschauen und ist Ihnen beim Schreiben nur im Weg. Wählen Sie Ihren Block in A4 oder A5, liniert, kariert oder ganz ohne. Was immer Ihnen lieber ist.

KAPITEL 5
SCHREIBEN MIT TABS

n meinem Buch **StoryTurbo** erwähne ich genau *zwei* Schreibprogramme, und mittlerweile nutze ich sogar nur noch *eines* davon. Ganz recht, ein *einziges* Schreibprogramm, in dem ich alles* erledige: **Vom Brainstorming für die Idee bis zum druckreifen Buch.**

*Abgesehen von meinen Evernote-Notizen natürlich. Sobald ich mich für eine entschieden habe, kommt sie in mein Schreibprogramm. Und da kommt sie erst wieder als fertiges Buch raus!

Ich nutze es sogar, um die endgültigen Druckvorlagen für E-Book und Taschenbuch zu generieren und auch dieses Buch und der **StoryTurbo** sind natürlich komplett damit entstanden.

Die Rede ist von *Papyrus Autor* der Berliner Softwarefirma *R.O.M. Logicware*, und nein, ich erhalte keine Vergünstigungen, weil ich dafür Werbung mache. Ich mache dafür Werbung, weil es so verteufelt gut ist.

Das Programm kostet allerdings ein bisschen Geld, im Gegensatz zu den meisten anderen Schreibwerkzeugen, die man in unserer bescheidenen Profession so braucht. Konkret kostet Papyrus zum Zeitpunkt, da ich das hier schreibe, 179,- €. Aber die habe ich wirklich gern ausgegeben für diesen treuen, zuverlässigen Kameraden an meiner Seite.

Neben vielen anderen Vorteilen dieser Software, auf die ich in meinem Buch **StoryTurbo** genauer eingehe, interessiert uns hier vor allem einer: Die Möglichkeit des Programms, mit sogenannten Tabs zu arbeiten.

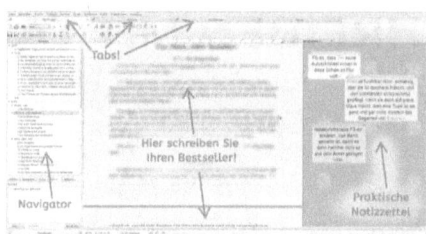

Tabs in Papyrus Autor

Das kennen Sie von Ihrem Internetbrowser. Tabs helfen Ihnen dabei, mehrere Fenster gleichzeitig im Hintergrund offen zu haben und so leicht zwischen verschiedenen Websites hin- und herzuspringen. In einem Schreibprogramm für Autoren ist das genauso nützlich. So können Sie an den *Beats* arbeiten und zwischendurch immer mal im *Plot* nachschauen, wohin die Reise eigentlich gehen soll.

Sie wollen sich Notizen machen? Dialogfragmente notieren, die Ihnen einfallen? Ideen für später? Ein Titelentwurf oder ein Stück Klappentext für Ihr künftiges Buch? Dann machen Sie einfach jedesmal einen neuen Tab auf und schreiben Sie es in dieses Dokument.

Wenn es zu viel wird, schließen Sie einfach ein paar dieser Tabs. Der Text ist auf diese Weise nicht verloren und alles Dokumente (oder die, von denen Sie das wünschen) werden beim nächsten Start des Programms wieder geöffnet.

Praktisch.

Und abgestürzt ist mir Papyrus, seit ich es benutze, noch nicht ein einziges Mal. Auch nicht bei 1.200 Seiten langen Buchmonstern. Chapeau!

Link: www.papyrus.de

KAPITEL 6
DIE ZEIT IM GRIFF: IHRE TIMELINE

Es gibt noch ein Programm, das ich gern benutze, insbesondere dann, wenn ich Thriller schreibe. In solchen gibt es nämlich häufig in der Haupthandlung Bezüge zu Dingen, die meinen Figuren in ihrer Vergangenheit zugestoßen sind, *schrecklichen* Dingen zumeist, da es sich ja um Thriller handelt. Zum Beispiel die eigentliche Handlung, die den Stand der Ermittlungen beschreibt, falsche Fährten, wichtige Erkenntnisse und vor allem: Jede Menge Leute, die alle paar Minuten das Zeitliche segnen! Da verliert man schnell mal den Überblick.

Aus diesem Grund nutze ich eine Software namens *Aeon Timeline 2*, um damit die Lebens- und Sterbedaten meiner Figuren und alle wichtigen Ereignisse der Handlung stets griffbereit zu haben. Dieser Zeitstrahl entsteht so nebenher, während ich die Idee ausfeile (*Phase 1*) und er passt sich meinen Änderungen immer dynamisch an.

Die Software ist wirklich leicht zu bedienen, speziell für meine geringen Ansprüche. Ich lege für die wichtigsten meiner Figuren die wesentlichen Lebensdaten fest (Geburt und Tod) und verknüpfe die Figuren mit den Ereignissen, an denen sie direkt oder indirekt beteiligt sind. Fertig.

Und so sieht das Ganze dann aus:

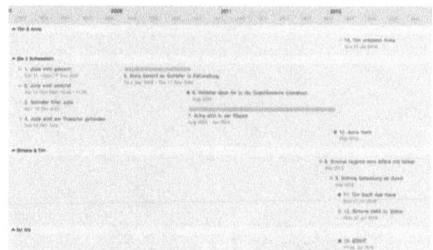

Aeon Timeline 2

Die Software kostet derzeit 50 US-Dollar, aber Sie können sie für 20 Tage kostenlos ausprobieren und während dieser Zeit in vollem Umfang nutzen, bevor Sie sich zum Kauf entschließen. Mehr als genug Zeit also für ein erstes Projekt. Aber für das nächste Buch kaufen Sie das Programm bitte, okay?

Link: **www.aeontimeline.com**

KAPITEL 7
STORYTURBO-METHODE: FINDEN SIE IHR GENRE!

Falls Sie noch nicht die geringste Ahnung haben, worüber Sie eigentlich schreiben wollen, hier sind ein paar Ideen:

Aller Anfang ist ... einfach. Sie starten mit Null. Keine Idee. *Keine Ahnung, keine Meinung, kein Konzept,* wie es Marius Müller Westernhagen mal so treffend ausgedrückt hat.

Bloß stimmt das in Ihrem Fall nicht so ganz.

Sie haben nämlich Vorlieben, da bin ich sicher. *Lieblings*bücher, *Lieblings*autoren und vor allem ein *Lieblings*genre, auch wenn Sie daran vielleicht bislang keinen einzigen Gedanken verschwendet haben. Jetzt sollten Sie das mal tun.

Zu welcher Art von Büchern fühlen Sie sich hingezogen? Sind Sie eher so der magische Typ? Fasziniert Sie das Weltall? Brauchen Sie literweise Blut zum Glücklichsein? Oder Romantik, bei der einem das Herz in der Brust zerspringen will? Stehen Sie auf Märchen?

»Einspruch!«, rufen Sie da. »In einem guten Buch kann es schließlich alles davon geben, oder zumindest *mehrere* Genres.«

Wissen Sie was? Sie haben recht. Ein guter Thriller schließt nicht aus, dass sich Charaktere leidenschaftlich näherkommen. (Schon mal deshalb, weil das ein prima Motiv für alle Arten von Untaten ergeben kann.) Und wer sagt, dass dieser Thriller nicht auch im All oder einem verborgenen Königreich spielen kann, das man durch die Türen eines ollen Kleiderschranks betritt?

Niemand.

Aber.

Es gibt immer *ein* Hauptgenre. Eines. Und nein, Roman ist (in diesem Sinne) kein Genre. Was also *ist* ein Genre? Das große, schwere Literaturlexikon swww.aeontimeline.com:

»Das Genre bezeichnet den thematisch-motivischen Inhalt eines Buches.«

Ah ja. Und was heißt das nun konkret?

Ein paar Beispiele: Krimi & Thriller, Liebesroman, Science-Fiction, Fantasy, zeitgenössischer Roman, Komödie, Drama sind Genres. Das sind so die hauptsächlichen, glaube ich. Oberbegriffe, wenn Sie so wollen. Und dazu gibt es jeweils unzählige Subgenres, wie zum Beispiel *humorvolle Werwolfromantik im Studentinnenmilieu* oder *Spionagethriller* oder *Regionalkrimi*, Unterabteilung *Wahre Verbrechen in und um Köln*. Es gibt *High* und *Low* Fantasy, *harte* und *weiche* Science-Fiction und noch jede Menge mehr.

Die erste Frage, die Sie jetzt klären müssen, ist: Zu welchem Genre fühlen Sie sich ganz besonders hingezogen? Bei mir sind das vor allem zwei: Psychothriller und Horror. Ja, ich bin einer von den bösen Jungs, jedenfalls zum großen Teil. Dann kommt noch Romantik dazu und ebenso faszinieren mich Kinder- und Jugendbücher, sowie harter SF und manchmal sogar Fantasy. Aber unter dem Pseudonym L.C. Frey begreift man mich nun mal als Thrillerautor, und das ist auch gut so.

Das Genre, für das Sie sich entscheiden, kommt dann nachher auch auf Ihr Cover und in die Buchbeschreibung, und beides sollte so gestaltet werden, dass es die Leser dieses Genres anspricht, und zwar *nur* die. Wenn jemand glaubt, einen Liebesroman zu kaufen, der sich dann beim Lesen als blutrünstiger Thriller herausstellt, darf sich der Autor auf jede Menge Gegenwind und miese Rezensionen gefasst machen. Sie kennen ja das Sprichwort von der Katze im Sack und wer die kauft. Nämlich niemand.

Das ist einfach Marketing-Einmaleins und bitte, bitte verschonen Sie uns jetzt mit Unfug wie »Ich lasse mein Werk nicht in Schubladen stecken!« und »Ich schreibe in multiplen Genres!«. Das entlarvt Sie nämlich sofort als blutigen Anfänger.

Profis wissen, was sie tun. Und zwar schon, bevor sie starten.

Vor allem kennen Schreibprofis ihr Genre wie ihre sprichwörtliche Westentasche, und zwar bis auf den letzten Tabakkrümel. Weil das nämlich absolut entscheidend für die Kaufentscheidung ihrer Leser ist. Und ohne Leser sind Sie kein Autor, sondern nur ein Typ, der sich selbst Liebesbriefe schreibt. Es sei denn, Sie sind Franz Kafka. Sind Sie aber nicht. So.

Anregung: Welchem Genre lassen sich die Bücher zuordnen, die Sie am liebsten lesen? Normalerweise steht das auf dem Cover oder lässt sich ziemlich deutlich aus dem Klappentext herauslesen. Falls Sie es doch nicht auf Anhieb herausbekommen, besuchen Sie mal die Website oder den Wikipedia-Artikel des betreffenden Romans. Oder suchen Sie bei Amazon danach, oder Thalia. Oder Lovelybooks. Oder Goodreads. Oder ... Überall dort werden Bücher nämlich nach Genre aufgelistet, damit ihre Leser sie leichter finden. Merken Sie was?

Welche Genres gibt es überhaupt? Jede Menge. Einen ersten Überblick erhalten Sie, wenn Sie auf einer der oben aufgezählten Websites danach suchen. Wenn Sie es etwas genauer brauchen, habe ich hier eine sehr brauchbare Übersicht für Sie gefunden:

http://www.die-schreibtrainerin.de/buecher-genre

Da sollten Sie fündig werden, und außerdem geht dem Ganzen ein sehr lesenswerter Artikel zum Thema Genre voran, den Sie bei der Gelegenheit auch gleich lesen sollten. Von mir bekommt er einen dicken »Daumen hoch«.

Was sind die erfolgreichsten Genres zum Zeitpunkt, da ich dieses Buch schreibe? Die wahrscheinlichsten belletristischen Genres, in denen Sie heutzutage einen Bestseller landen können, sind eigentlich nur zwei: **Romance/Liebesroman/Erotik** und **Krimi/Thriller**. Jeweils mit jeder Menge Subgenres, und momentan liegt der Liebesroman mit einigem Abstand klar vorn.

»Was?«, rufen Sie, »das kann doch wohl nicht alles sein!«

Doch, kann es, zumindest was die Spitze betrifft, sprich: die Top Ten des für uns relevanten deutschen Buchmarkts. Aber glauben Sie nicht mir, sehen Sie selbst in der Bestsellerliste der deutschen E-Book- und Buchhändler nach.

Was nun aber nicht heißt, dass Sie keinen Bestseller in einem anderen Genre als Liebesschnulze oder hartem Krimi schreiben könnten: Denken Sie nur mal an Harry Potter oder George R. R. Martins Endlosserie von Eis, Feuer und dem ganzen anderen Kram. Oder Marc-Uwe Klings wunderbare »Känguru-Chroniken«. Alles großartige Bücher. Und gewaltige Bestseller. Aber eben »Ausreißer« von der statistischen Normalverteilung.

Wenn Sie sich zu diesem oder jedem nicht-superkommerziellen Genre hingezogen fühlen, dann schreiben Sie um Himmels willen das und versuchen Sie nicht, Ihr Genre nach dem aktuellen Massengeschmack auszuwählen, denn das machen schon zu viele, und heraus kommt dabei meistens ein ziemlich herzloser Mist. Schreiben Sie nur, was Sie auch selbst gern lesen würden. Sie werden es nämlich noch ziemlich häufig lesen *müssen*.

Aufgabe: Stellen Sie Ihren Timer auf eine Stunde und finden Sie heraus, in welches Genre Ihr Buch gehören wird!

KAPITEL 8
STORYTURBO-METHODE: DIE IDEE BRAINSTORMEN

Ich benutze zum Brainstormen ein Whiteboard, auf dem ich mit bunten Markern alles Mögliche aufschreibe, das mich an der Story interessiert. Ich kreise ein, ziehe Pfeile, wische weg, schreibe neu. Und trinke jede Menge Kaffee dabei. Das sieht dann unheimlich professionell aus. Auf einem Schreibblock geht's genauso gut.

Und wie entscheide ich, was an der Tafel bleibt und was weggewischt wird? Das Folgende gilt für alles, was irgendwie mit dem Finden von Ideen zu tun hat, und gerade als neuer Autor sollten ihnen jede Menge davon im Kopf herumschwirren.

Die Kunst liegt daran, zu entscheiden, welcher Idee man folgt. Und dafür brauchen Sie Ihr Bauchgefühl.

Kitzeln wir es mal hervor. Welche Idee begeistert Sie spontan? So sehr, dass Sie sofort loslegen wollen? Dass es in Ihren Fingern juckt und unter der Schädeldecke angenehm prickelt (Und nein, ich meine nicht als Resultat übermäßigen Genusses von Schnapspralinen.)?

Diese Einfälle bleiben, der Rest fliegt raus.

Was nicht sofort *Klick!* macht und weitere interessante Fragen aufwirft, wird sich später vermutlich auch nur sehr mühsam umsetzen lassen. Verwerfen Sie es für dieses Mal. Wenn an der Idee doch was

Gutes dran war, wird es von allein wiederkommen, verlassen Sie sich darauf.

Bevor ich ein neues Buch beginne, nehme ich mir immer eine Stunde Zeit (Timer stellen!) und blättere durch mein virtuelles *Notizbuch in Evernote*. Dann lese ich, was sich da so angesammelt hat, bis ich irgendwann an einer Idee hängen bleibe. Okay, okay, manchmal dauert das auch zwei Stunden, weil ich inzwischen eine ziemliche Menge an Ideenschnipseln zusammengetragen habe.

Manchmal vertiefe ich mich hinein und folge der Idee, manchmal notiere ich mir nur den Titel oder ein Fragment der Notiz und blättere weiter, bis ich etwas finde, das noch besser ist oder sich vielleicht mit der ersten Idee zu etwas Neuem, noch Spannenderem kombinieren lässt.

An dieser Stelle erwarte ich noch gar nichts von der Idee, außer dass sie tief in mir etwas auslöst, das sich am ehesten mit einem *Oh-yeah!*-Gefühl beschreiben lässt. Sie muss etwas in mir zum Klingen bringen, mehr nicht. Es geht nicht um Struktur oder Charaktere, es geht lediglich um Inspiration. Eine erste Frage, welche eine zweite Frage provoziert, und in der Folge alle möglichen weiteren Fragen. Das genügt für den Moment.

Was ich in meinem Notizbuch finde, gibt als Story nämlich meist noch nicht allzu viel her, bestenfalls einen möglichen Titel und eine Exposition, das heißt die Darstellung der Ausgangssituation, zum Beispiel:

Tiefseetaucher treffen beim Bergen eines Schatzes auf eine außerirdische Intelligenz.

Okay. Klingt, als ob man daraus etwas machen könnte. (Die Wahrheit ist: Das hat man schon, und ziemlich viele Leute haben den Film damals gesehen. Deshalb würde ich mich vermutlich nicht für diese Idee entscheiden, es sei denn, mir fiele ein völlig neuer Ansatz ein, etwas aus der Idee zu machen. Zum Nacherzählen tauge ich nicht besonders.)

Dann steht da vielleicht noch:

Irgendwann bekommen sie raus, dass das Ding auf dem Meeresgrund überhaupt nicht außerirdischen Ursprungs ist, sondern eine sehr fortschrittliche Waffe der militärischen Gegenseite. Können sie die für sich nutzen?

Das zweite würde ich vermutlich erstmal verwerfen, so aus dem Bauch heraus. Es ist einfach zu spinnert und macht die Geschichte auch nicht spannender, eher im Gegenteil. Aliens sind definitiv spannender als diese angedeutete Spionagesache. Oder doch nicht? Das mögen Sie selbstverständlich ganz anders sehen. Vielleicht finden Sie auch das mit den Tauchern und der außerirdischen Intelligenz schon einen Riesenmist. Spielt keine Rolle, in dem Fall blättern Sie einfach weiter zur nächsten Idee. Und zwar in *Ihrem* Notizbuch.

Oder Sie kommen zu dem Schluss, dass das Ganze nicht auf dem Meeresboden, sondern in einer gigantischen Kohlegrube spielen sollte und verlegen es dann da hin. Großartig! Was immer Sie *anmacht*.

Merke: Alle Variablen können ausgetauscht werden.

Vielleicht waren die Taucher auf dem Meeresgrund auch dazu da, Ihrem Hirn einen Schubs in Richtung Weltall zu geben, schließlich tragen die Leute da auch Anzüge und sind ziemlich am Arsch, falls da ein Loch reinkommt. Das ist im Grunde egal, nur irgendwann später sollten Sie sich für eines entscheiden. Spätestens, wenn der Timer piept.

KAPITEL 9
STORYTURBO-METHODE: HIN UND HER

Es gibt eine Methode, die ich gern benutze, um aus den ersten groben Skizzen für den *Plot* und die *Beats* ein stimmiges Bild (wenn auch bewusst noch kein Gemälde) zu machen.

Dabei arbeite ich mit beidem gleichzeitig, dem *Plot* und den *Beats*.

An dieser Stelle benutze ich nur selten einen Timer, sondern nehme mir einfach ein bis zwei komplette Tage Zeit, nur dafür. Aber ich behalte die Zeit im Auge und das rate ich Ihnen ebenfalls. Pro Tag sollten Sie Plot und *Beats* mindestens zwei Mal neu geschrieben haben, insgesamt aber so oft, wie es nötig ist, bis alles stimmig ist. Wenn das eine Woche dauert, oder einen Monat, auch gut.

Nur verlieren Sie dabei das Ziel nicht aus den Augen, und merken Sie, wann Ihre Story ins Kraut schießt oder Sie sich zu verzetteln beginnen.

Genau dafür brauchen wir unser Schreibprogramm mit Tabs.

Und so funktioniert die Hin-und-Her-Methode:

Zuerst nehme ich mir den Erstentwurf des *Plots* her, lese ihn ein letztes Mal aufmerksam durch und dann speichere ihn irgendwo auf meiner Festplatte unter dem Namen »Plot Erstentwurf«. Dann öffne ich ein neues, leeres Dokument, das ich »Plot 2« nenne.

Im zweiten Schritt verfahre ich identisch mit der Datei, die meine

Beats enthält. Danach habe ich zwei leere Textdokumente, eins für meinen neuen Plotentwurf (»Plot 2«) und das andere für meine neuen *Beats* (»*Beats* 2«).

Im dritten Schritt schreibe ich den *Plot* aus dem Gedächtnis neu. Dabei geht es nicht darum, sich Wort für Wort an das Original zu erinnern, sondern vielmehr an die wesentlichen Punkte der Handlung. Die schreibe ich auf. Dabei fallen mir üblicherweise eine Menge Ungereimtheiten auf: Dinge, die noch nicht funktioniert haben in der ersten Fassung oder allgemein keinen Sinn ergeben. Während mir das in der ersten Fassung noch egal war, bessere ich solche Lücken nun allmählich aus und versuche, sie alle zu schließen.

Dann mache ich das Gleiche mit den *Beats*, ebenfalls aus dem Gedächtnis. Notfalls erlaube ich mir, mal in den neuen Plot zu linsen, wenn es unbedingt sein muss. Während ich die Szenen detaillierter ausarbeite, fallen mir wieder jede Menge unstimmiger Dinge auf, die ich dann in den *Beats* und im nächsten Schritt auch im *Plot* anpasse. Entweder in der aktuellen Version 2 oder in einer späteren.

Und dann lösche ich Alles* und fange von vorn an.

Aber natürlich mache ich vorher eine Sicherheitskopie. Man weiß ja nie.

Das heißt, ich arbeite im Kreis, und zwar immer wieder, bis es passt. Beim Schreiben der *Beats* fallen mir Fehler im *Plot* auf und umgekehrt. Änderungen ziehen neue Änderungen nach sich und immer so fort. In der Mathematik würde man das Iteration nennen.

Sobald ich mit dem ersten Durchgang von *Plot* und *Beats* fertig bin, mache ich eine kleine Pause und dann startet das Ganze von vorn. Ich speichere die Dokumente der Version 2 ab, erstelle neue, leere Textdateien und fange wieder von vorn an. Aus dem Gedächtnis.

Bis ich der Meinung bin, dass jetzt alles stimmt und passt.

KAPITEL 10
IHRE SCHREIBWERKSTATT

In *Phase 2* werden Sie hauptsächlich mit einem beschäftigt sein: Schreiben. Und das für mehrere Stunden am Stück. Das heißt: Wenn Sie die Zeit dafür jeden Tag erübrigen können.

Falls nicht, zeige ich Ihnen in meinem Buch **Storyturbo** ein paar Möglichkeiten, wie Sie Ihr Buch fertigbekommen, ohne täglich acht oder mehr Stunden daran zu arbeiten. Allerdings würde das den Rahmen dieser **TurboTools**-Werkzeugkiste deutlich sprengen.

Zurück zur Werkstatt.

Ich bin *professioneller* Schriftsteller. Das heißt, Schreiben ist meine *Arbeit*, der ich an meinem *Arbeitsplatz* nachgehe. Wie bei derlei Tätigkeiten üblich, benutze ich dafür ein *Büro*, in meinem Fall ein Home Office, weil ich mir den Arbeitsweg durch die halbe Stadt ersparen möchte, besonders im Winter und weil ich ganz allgemein ein fauler Strick bin.

In diesem *Büro* wird nicht geschlafen, keine Nahrung eingenommen (sieht man von Unmengen schwarzen Kaffees und frischen Wassers ab) und überhaupt sonst nichts gemacht außer geschrieben. Es steht mein Computer da drin, an dem zwei hübsche Lautsprecher hängen, falls mir mal nach Musik sein sollte. Oder nach Straßencafégeräuschen.

Das war's.

Sehr oft schalte ich während des Schreibens das Internet komplett ab, wenn ich es nicht für Recherchen brauche. Das ist etwas, das ich Ihnen ebenfalls empfehle. Facebook, E-Mail und Angry Birds sind *nicht* Ihre Freunde, während Sie versuchen, ein Buch zu schreiben.

Ich schreibe nicht (mehr) unterwegs, schon gar nicht in irgendwelchen Cafés oder auf zugigen Bahnhöfen oder im Park. Daher brauche ich auch kein schickes Tablet, keinen Laptop und schon gar nicht ein (in meinen Augen ziemlich nutzloses) Ungetüm wie eine vorsintflutliche Schreibmaschine. Sorry, Ernest.

Ich brauche es ebenfalls nicht, dass mir jemand beim Schreiben zusieht, damit ich mich als Autor fühlen kann, offengestanden wäre mir das eher peinlich. Ich muss keinen lächerlichen Stoffbeutel mit dem Aufdruck »Vorsicht, bissiger Autor! Sie könnten in meiner Geschichte landen!« mit mir herumschleppen, um irgendwem irgendwas zu beweisen.

Alles, was ich brauche, sind Ideen und irgendwas, womit ich sie aufschreiben kann, um später Bücher draus zu machen. Verdammt, ich würde mich noch Autor nennen, wenn ich aus lauter Verzweiflung auf Klopapier schreiben müsste.

Sollten mir unterwegs allerdings _Ideen_ kommen, zücke ich mein Handy und tippe sie in mein Evernote-_Notizbuch_ ein, fertig. Dann schau ich wieder den Zugvögeln nach oder spaziere durch den Park, ganz der verträumte Poet. Aber ohne einen verdammten Stoffbeutel mit einer Schreibmaschine drin.

Und warum mache ich das so?

Deshalb:

Meinen ersten Roman habe ich größtenteils unterwegs geschrieben, und es war eine Katastrophe. Ich tippte ihn in mein Handy, und zwar in Form unzähliger SMS-Entwürfe an mich selbst, denn ich hatte damals noch kein Smartphone, das muss man sich mal vorstellen! Später tippte ich diese SMS dann ab, und lud die Entwürfe hoch in die Google-Cloud. An diesen Entwürfen arbeitete ich dann, wann immer ich etwas Zeit dazu fand, und sehr oft auch unterwegs. Wo immer ich einen Computer mit Internetanschluss finden konnte, bisweilen auch bei Freunden, wenn die mich an ihren Computer ließen. Cool und total kultig, keine Frage, voll retro und so. Aber wirklich nicht empfehlenswert, wenn Sie es auch nur ein bisschen ernster mit dem Schreiben meinen als ich damals.

Schreiben ist etwas, das für unseren Körper eine schwere Belastung darstellt, besonders, wenn man es für lange Zeit ohne Unterbrechung und auf die *falsche Weise* tut. Weswegen Sie Letzteres tunlichst vermeiden sollten.

Wenn Sie acht oder mehr Stunden täglich schreiben wollen, müssen Sie auf Ihre Gesundheit achten, und zwar mit Argusaugen. Treiben Sie ein bisschen Sport*, essen Sie leicht und machen Sie ausreichend oft Pausen. Schaffen Sie sich ein Musikinstrument an, wenn Sie noch keins haben, und lernen Sie, ein bisschen darauf herumzuklimpern. Nur so zum Spaß.

*Ich gehe zum Beispiel gern laufen, um mein Hirn »durchzuschütteln« und habe herausgefunden, dass das für mich eine tolle Inspirationsquelle sein kann. Und ich empfehle Ihnen eine Fitnessübung namens Kettlebell Swings. Googeln Sie mal danach.

Ihr Arbeitsplatz sollte darauf ausgelegt sein, dass Sie Ihren neuen Job möglichst lange ohne Schmerzen machen können. Besorgen Sie sich ergonomische Sitzmöbel und achten Sie darauf, dass Ihr Schreibtisch die richtige Höhe hat.

Finden Sie heraus, mit welcher Tastatur* Sie am besten über einen langen Zeitraum arbeiten können, und damit meine ich auch wirklich *arbeiten*, also Tippen, die immer gleiche Bewegung Ihrer zehn Finger. Stundenlang, tagein, tagaus..

*Tipp: Eine mechanische Tastatur (am besten mit <u>blauen Cherry-Tasten</u>) könnte sich als nützliche Investition herausstellen.

Schreiben ist ein bisschen wie ein Marathonlauf, nur dass man ihn im Sprint bewältigen sollte. Gehen Sie nur gut vorbereitet und mit der optimalen Ausrüstung an den Start. Spätestens bei Ihrem ersten Besuch beim Chiropraktiker, oder wenn Sie wegen einer Sehnenscheidenentzündung oder einem Bandscheibenvorfall wochenlang ausfallen, werden Sie an mich denken. Und zwar schmerzlich.

Ausnahme für Sie. Wenn Sie zu Hause keine Ruhe finden können, ist die Sache mit dem Laptop im Park vielleicht doch überlegenswert.

Finden Sie ein ruhiges Plätzchen, an dem Sie es ein paar Stunden aushalten, und zwar täglich. Hauptsache, Sie kommen mit Ihrem neuen Buch voran.

Merke: Nicht ablenken lassen, sondern auf das Wesentliche konzentrieren, nämlich das Schreiben an einem ruhigen Plätzchen. Und darauf, dass Sie das noch möglichst lange machen können.

KAPITEL 11
DAS PARKINSONSCHE GESETZ

Ich habe Ihnen bereits meinen Timer (**TURBOTOOL Nr. 1**) vorgestellt, den ich benutze, damit in *Phase 1* mein Brainstorming nicht ausufert und ich bei der Sache bleibe. Gleiches gilt natürlich für *Phase 2*. Hier ist es unabdingbar, dass Sie konzentriert dabeibleiben. Wenn Sie beispielsweise pro Tag 3 Stunden schreiben, heißt das in der Praxis: Sie stellen Ihren treuen Timer auf eine Stunde, und das genau drei Mal.

Immer, wenn er piept, machen Sie fünf bis zehn Minuten (auch hierbei sollten Sie einen Alarm benutzen) *intensive* Pause, am besten, indem Sie sich mit etwas Sport beschäftigen, oder eine Kleinigkeit essen, um den Blutzuckerspiegel anzukurbeln. Trinken Sie was, werfen Sie einen Blick aus dem Fenster. Schauen Sie den Tauben eine Weile dabei zu, wie sie das gegenüberliegende Fensterbrett vollkacken. Lächeln Sie. Dann schreiben Sie weiter.

Und vergessen Sie nicht, den Countdown Ihres Timers wieder zu starten.

Zum Thema Zeit und Arbeit hat ein schlauer Herr namens Parkinson eine interessante Gesetzmäßigkeit festgestellt, die ich Ihnen in diesem Zusammenhang nicht vorenthalten möchte:

Arbeit dehnt sich in genau dem Maß aus, wie Zeit für Ihre Erledigung zur Verfügung steht.

Es bedeutet, dass Menschen dazu neigen, die Zeit, die sie sich für die Erledigung einer bestimmten Aufgabe geben, immer voll auszunutzen. Egal, ob diese Zeit auch tatsächlich für die Aufgabe benötigt wird oder nicht.
Beispiel: Parkinson beschrieb das anhand einer älteren Dame, die einen halben Tag braucht, um ihrer Nichte eine Postkarte zu schicken. Sie sucht nach der richtigen Karte, formuliert den Text zigmal um, sucht die Adresse heraus, überlegt, ob sie zum Gang zur Post einen Schirm braucht oder nicht und so weiter. Ein vielbeschäftigter Geschäftsmann erledigt die Sache in fünf Minuten. Sie ahnen es, wir versuchen, der vielbeschäftigte Geschäftsmann in diesem Beispiel zu sein.
Tick, tack.
Dieses Gesetz ist absolut zutreffend für die allermeisten Menschen, davon bin ich überzeugt. Für mich ganz besonders. Ich könnte wochenlang prokrastinieren, wenn ich müsste. Will ich aber nicht. Was heißt das nun für unser Buch? Wenn Sie ohne Timer arbeiten, werden Sie möglicherweise tagelang an einem simplen, logischen Problem herumbasteln. Neue Ansätze finden, die dazu führen, das Problem selbst auf einer Metaebene zu hinterfragen, und dann werden Sie beginnen, eine noch viel bessere Lösung zu finden, oder gar versuchen, ein noch besseres Problem aus dem bestehenden zu machen. Und dann geht alles wieder von vorn los, und je öfter Sie diese Schleife durchlaufen, desto weniger Lust werden Sie haben, Ihr Buch tatsächlich zu schreiben.
Ich behaupte: Es gibt in unserem Job nichts, das Sie nicht durch eine Stunde intensives, ablenkungsfreies Nachdenken lösen oder doch zumindest gewaltig voranbringen können. Und falls nicht, stimmt höchstwahrscheinlich irgendetwas mit Ihrer grundsätzlichen Idee nicht. Wir wollen hier lernen, wie man ein Buch in gerade mal vier Wochen schreiben kann. Das bedeutet, dass wir für jeden einzelnen Arbeitsschritt nur ein knapp bemessenes Zeitbudget zur Verfügung haben, und das müssen wir nutzen.

Das wollen wir nutzen, weil wir fertig werden wollen.

Wir wollen ein Buch schreiben und nicht ewig darüber nachdenken, wie das wohl prinzipiell am besten anzustellen sei. Wir tun es einfach und spucken dem Gegenwind ins Gesicht! Wir packen es an! Yeah!

KAPITEL 12
ZEHN FINGER TIPPEN MEHR ALS ZWEI

Ich kann zehn Seiten in der Stunde tippen, also ungefähr 2500 Wörter. Wenn es sein muss. Als ich das zum ersten Mal für fünf Stunden am Stück gemacht habe, bin ich danach für eine Weile ausgefallen, weil mich eine garstige Sehnenscheidenentzündung plagte, und habe mich notgedrungen mit Spracherkennungssoftware beschäftigen müssen, während ich dazu verdonnert war, meine Hand zu schonen. Immerhin hatte ich anschließend ein weiteres Kapitel für meinen Ratgeber, nämlich eines über Spracherkennungssoftware. Schön war das trotzdem nicht.

Ich kann immer noch nicht richtig blind schreiben und mache jede Menge Tippfehler, aber ich bin zuversichtlich. Und, wie gesagt, ziemlich schnell, wenn es sein muss.

Schnelltippen ist harte Arbeit, aber kein Mensch verlangt zehn Seiten pro Stunde von Ihnen. Dennoch sollten Sie einigermaßen fit sein und über das Level »Zweifingersuchsystem« hinaus sein, und zwar, bevor Sie mit der Arbeit an Ihrem Buch beginnen. Es kann nämlich sehr frustrierend sein, die Inspiration fließen zu lassen, wenn Sie den Großteil Ihrer Zeit mit der Suche nach dem richtigen Buchstaben verschwenden müssen.

Um das Zehnfingerschreiben zu erlernen, gibt es eine tolle Software und das Beste ist: Sie ist ebenfalls kostenlos.

Mit *Tipp10* können Sie Zehnfingerblindschreiben lernen, und mir ist ehrlich gesagt kein besseres Programm dafür bekannt. Üben müssen Sie allerdings selbst, am besten jeden Tag. Idealerweise machen Sie das immer zur selben Tageszeit und mindestens zehn Minuten lang, besser noch eine halbe Stunde. Dann sind Sie ratzfatz noch viel schneller als ich. Aber respektieren Sie Ihre Grenzen und passen Sie vor allem auf, dass Sie sich keine Sehnenscheidenentzündung holen, okay?

Link: **www.tipp10.com/de**

KAPITEL 13
DIE #-METHODE

Wenn ich während des Schreibens in *Phase 2* auf Ungereimtheiten stoße oder ich nur mal kurz nachschauen müsste, was ich ein paar Seiten vorher eigentlich geschrieben habe, zum Beispiel, welchen Wagen mein Protagonist gerade fährt, dann lasse ich das schön bleiben und arbeite stattdessen mit einem Ersetzungszeichen, um es später nachzuschlagen.

Gleiches gilt für Recherchefragen, auf die ich während dieser Phase vielleicht stoße. Ich halte mich nicht lange mit so etwas auf.

Ich tippe das #-Zeichen, um die Stelle zu markieren und schreibe sofort weiter.

Ich bevorzuge zu diesem Zweck das Doppelkreuz (#), auch Raute genannt, weil ich das im eigentlichen Text so gut wie gar nicht verwende. Daher kann ich diese Stellen später schnell mit der »Suchen«-Funktion meines Textprogramms ausfindig machen. Das sieht dann ungefähr so aus:

Jimmy stieg aus seinem (# Mercedes? Jaguar? Opel Corsa??? #) und besah sich das düstere Gebäude auf der anderen Straßenseite.

In *Phase 3* ist noch genug Zeit, nachzuschauen, in welche Karosse ich Jimmy anfangs eigentlich verfrachtet habe. Jetzt will ich schnell vorankommen, was interessieren mich da Details? Dafür habe ich mein treues Doppelkreuz.

Oder:

Jimmy hielt der Dame seinen Ausweis hin. »Kriminalpolizei«, sagte er, »folgen Sie mir freiwillig aufs Revier oder muss ich erst meinen Charme spielen lassen?« (# *müsste er nicht auch seinen Namen und Dienstgrad sagen? # Recherche! #*)

In *Phase 3* nutze ich dann die Suchfunktion meines Textprogramms und gehe Raute für Raute durch und kläre, was es da zu klären gibt. Dann habe ich nämlich Zeit für sowas.

KAPITEL 14
KONZENTRATION, BITTE!

Das Ziel von Phase 2 heißt »ENDE«. Sonst nichts.

In der Schreibzeit (*Phase 2*) wird geschrieben, sonst nichts. Falls Sie das zwischenzeitlich aus den Augen verloren haben sollten, wir haben nur ein einziges Ziel für das Ende der nächsten Woche: ENDE unter Ihr Manuskript zu schreiben, und zwar an das tatsächliche *Ende* Ihrer Story und nicht, weil Sie vorher aufgegeben haben.

Wenn Sie das Gefühl haben, dass die Luft raus ist, und am liebsten alles hinschmeißen würden, lesen Sie zum Frühstück ein paar Zeilen in einem der Bücher Ihres Lieblingsautors.

Nicht, um vor ihm in Gedanken auf die Knie zu fallen (»Ich bin unwürdig!!!«), sondern, um sich klarzumachen, dass auch dieser überragende, legendäre Gigant des geschriebenen Wortes einmal in einer solchen Phase steckte und nicht weiterkam. Wenn seine Bücher etwas taugen, war es jedenfalls mit Sicherheit so, und zwar öfter, als Sie vielleicht glauben.

Ich garantiere es.

Aber die Tatsache, dass Sie sein oder ihr Buch in den Händen halten, ist der *unwiderlegbare Beweis* dafür, dass er oder sie diese Phase überwunden hat.

Genau wie Sie das auch schaffen werden!

Nicht vergessen: Was Sie da lesen, ist ein fertiges Produkt. Auch Ihr Lieblingsautor hat regelmäßig etwas vor sich auf dem Schreibtisch liegen, das auf den ersten Blick wenig Ähnlichkeit mit einem Buch hat. Bis auf ganz wenige Ausnahmen bekommen Sie das nur nie zu lesen!

Hier ist eine dieser Ausnahmen.

Ich habe Ihnen mal ein Stück aus einem meiner Roh-Manuskripte aufgehoben. Inklusive Rechtschreibfehler und jeder Menge Doppelkreuze, die ich später natürlich noch aufgelöst habe. Ziemliches Gestammel, wie Sie feststellen werden. Und das war, wohlgemerkt, *nicht* mein erstes Buch. Schwer zu glauben, ich weiß. Aber auch daraus habe ich inzwischen ein »richtiges« Buch gemacht, und es ist sogar wieder ein kleiner Bestseller geworden, dank meiner treuen Leser. Also schaffen Sie das auch!

Ein Wort der Warnung: Dieser Text stammt aus einem *Thriller*. Wenn Sie sich also leicht gruseln, sollten Sie ihn vielleicht nicht lesen. Dann blättern Sie jetzt bitte direkt vor zum nächsten Kapitel.

Für alle anderen: Hier ist der Link zum PDF eines Auszugs aus einem *kruden, hässlichen Ding voller Fehler, Logiklücken und Unsinn*, wie es sich für einen Rohentwurf gehört. Echt hässlich. Viel Spaß!

http://bit.ly/2hPPJUT

KAPITEL 15
DIALOGE AUFMOTZEN

Hier kommt eines der bestgehütetsten Geheimnisse unserer Zunft:
Dialoge in einem Buch sind *keine* Gespräche zwischen wirklichen Menschen.

Okay?

Was vor allem daran liegt, dass auch unsere Charaktere *keine* wirklichen Menschen sind. Egal, wie sehr wir Autoren uns auch Mühe geben, diese Illusion zu erzeugen. Wenn wir das gut machen, gelingt es uns, dass der Leser Empathie für unsere Helden und Schurken entwickelt, obwohl es die Typen nie gegeben hat. Dann *glaubt* der Leser, dass es sich um echte Menschen handelt.

Allein, das bleibt eine Illusion, wie in einem Zaubertrick. Wenn der Zauberer sein Handwerk versteht, ist das Publikum absolut *überzeugt* davon, dass der Kerl auf der Bühne da gerade ein Karnickel aus einem vorher völlig leeren Hut gezogen hat.

Und doch *wissen* wir, dass er uns nur ausgetrickst hat. Aber sich *trotz besseren Wissens* für einen Moment dem Glauben an Magie hinzugeben, das ist der Grund, warum wir solche Shows besuchen. Oder Bücher lesen. Das ist die Magie des geschriebenen Wortes, Leute!

Okay. Was möchte ich damit sagen?

Dialoge in Büchern oder Filmen sind die *Abstraktion* von richtigen Gesprächen. Idealerweise sind sie auf das Wesentliche verdichtete Eleganz mit einem Minimum an belanglosem Geschwafel. Ganz im Gegensatz zu einem Gespräch zwischen *wirklichen* Menschen. Hier reden manchmal beide Gesprächspartner gleichzeitig, man unterbricht sich oder andere. Gedanken hoppeln in eine Richtung los, machen mittendrin kehrt und galoppieren dann in die Gegenrichtung davon. Kein Mensch würde sowas lesen wollen, nicht einmal in *Finnegans Wake*.

Dennoch sollen unsere Dialoge nach Möglichkeit *authentisch* und *realistisch* sein. Gute Dialoge zu schreiben gehört definitiv zu den Königsdisziplinen unserer Zunft. Gehen Sie also davon aus, dass vor allem die Dialoge in Ihren ersten Büchern aller Wahrscheinlichkeit nach *furchtbar* sein werden. Aber das macht nichts, schließlich brauchen wir ja noch ein paar langfristige Ziele.

Trotzdem gibt es ein paar Sachen, die Sie machen können, um zu *lernen*, wie man brauchbar Gespräche zwischen Romanfiguren aufs Papier bringt. Und hoffentlich wird Sie dieser Lernprozess für den Rest Ihres Autorenlebens beschäftigen, dann haben Sie nämlich gute Chancen, einer von den *ganz Großen* zu werden, wie James Joyce, zum Beispiel. Hier ist einer von meinen **StoryTurbo**-Tipps zum Thema Dialoge:

Denken Sie beim Schreiben von Dialogen: »Könnte dieses Gespräch in einem (vorzugsweise guten) Kinofilm vorkommen?«

Dann bekommen Sie ein ganz gutes Gefühl dafür, ob Sie gerade literarisch daherschwafeln oder ein paar nette Karnickel aus dem Hut ziehen.

KAPITEL 16
WIE SIE AN TESTLESER KOMMEN

Wenn ich mit einem neuen Buch bei *Phase 3* angelangt bin, dann schicke ich einen Newsletter herum und frage meine Lieblingsleser, wer von ihnen Lust hat, mein neues Buch probezulesen.

Wenige Tage später habe ich in aller Regel die fachkundige Einschätzung meiner Zielgruppe (!) zu meinem neuen Thriller im Postfach. Und zwar fachkundig deshalb, weil mich das Urteil dieser Leute ungefähr tausendmal mehr interessiert als das irgendeines Literaturpapstes oder selbst ernannten Kritikers.

Nicht jeder mag meine Bücher, na und wenn schon? Das kann ich verschmerzen. Ich schreibe für *meine* Jungs und Mädels da draußen, also wieso sollte mich die Meinung von jemandem interessieren, der meine Bücher eigentlich gar nicht lesen will?

Denn wissen Sie was? *Nur* diesen wundervollen Menschen verdanke ich, dass ich vom Schreiben leben kann, und nicht niemandem sonst. Dafür stehe ich tief in der Schuld meiner Leser, und das Mindeste, was ich ihnen dafür zurückgeben kann, ist sie ab und zu mal zu fragen, wie sie denn mein neues Buch so finden. So einfach ist das.

Vermutlich haben Sie den Luxus einer Heerschar williger Testleser anfangs nicht, besonders, wenn das Ihr erstes Buch ist. Dennoch haben natürlich auch Sie ein paar Möglichkeiten, an Testleser zu kommen.

Haben Sie Verwandte und Bekannte, die gern lesen? Machen Sie sie zu Testlesern!

Schauen Sie sich mal im Internet um, speziell auf Facebook. Da gibt es ein paar Gruppen, in denen Autoren neue Testleser finden können.

Wenn Sie wirklich auf einer Insel wohnen und überhaupt niemanden finden, der Ihren Roman probelesen will, und auch kein Internet haben, dann schicken Sie das Ding gleich zum Lektor, siehe da (**TURBOTOOL Nr. 18**). Aber nur, wenn Ihnen sonst nichts übrig bleibt.

KAPITEL 17
SO ERLEICHTERN SIE IHREN TESTLESERN DIE ARBEIT

Allerdings sollten Sie Ihr Buch nicht einfach so zu Ihren Testlesern schicken und sie anschließend fragen:

»Und? Wie fandest du es so?«.

Die Antworten werden in den meisten Fällen zu allgemein ausfallen oder zu spezifisch, als dass Ihnen das etwas nützen würde. Wenn die betreffende Person zum Beispiel antwortet:

»Furchtbar.«

Und Sie fragen sie dann (während sich Ihr Magen ein paar Mal umdreht, glauben Sie mir, ich kenne das ...): »Oh. Furchtbar also. Aha. Und wieso?«

»Ach«, sagt der Testleser darauf fröhlich. »Keine Ahnung. Ist halt einfach nicht so mein Ding. Ich lese eben lieber den Fitzek.«

Das nützt Ihnen dann rein gar nichts.

Dasselbe mit dem Gegenteil:

»Toll! Ich wusste ja gar nicht, dass du *schreiben* kannst! Und manchmal hat sogar die Rechtschreibung gestimmt!«

Schön fürs Ego, aber es bringt Sie auch nicht wirklich weiter.

Was Sie dagegen weiterbringt, sind *konkrete Antworten auf konkrete Fragen*. Also stellen Sie konkrete Fragen, logo!

Weil ich ein netter Typ bin, zeige ich Ihnen mal am Beispiel eines meiner Fragebögen, was ich meine. Bitte kopieren Sie das nicht Wort für Wort, okay? Aber die *richtigen* Fragen, die dürfen Sie Ihren Testlesern schon stellen. Das müssen Sie sogar, wenn das Ganze irgendeinen Sinn haben soll.

Zum Beispiel so:

Liebe ...,

vielen Dank, dass du mein neues Buch probelesen möchtest, das du im Anhang findest. Ich hoffe sehr, dass es dir gefallen wird!

Damit das Ganze ein Vergnügen bleibt und für dich nicht in Arbeit ausartet, habe ich mir gedacht, ich schreibe dir ganz kurz, wie ich mir das mit dem Probelesen so vorstelle.

1. Rechtschreibung. *Was du lesen wirst, ist ein Manuskript. Das heißt, es sind noch Rechtschreibfehler drin. Jede Menge sogar. DAS IST BEI EINEM MANUSKRIPT GANZ NORMAL. Darum möchte ich dich bitten: Überlies sie einfach. In diesem »Waffengang« geht es mir nur darum, dass meine Lieblingsleser mir ein kurzes Feedback zu Handlung und Personen des Romans geben (siehe Fragen, gleich). Ganz zum Schluss geht das Ganze selbstverständlich noch einmal an meine Lektorin zur finalen Kontrolle. Und da werden (hoffentlich) alle Rechtschreib- und Grammatikfehler entfernt. Du musst dir diese Mühe also wirklich nicht machen. :-)*

2. Ausdruck. *Hier gilt im Grunde das Gleiche wie für 1. ABER: Wenn du Stellen besonders langweilig/gelungen/unverständlich/toll findest, darfst du mir das gerne mitteilen.*

So etwa:

»Teil I/Kapitel 5 (oder: Seite/Position): Der Junge schwadroniert endlos über seine Vergangenheit. Wen interessiert das? Langweilig!!!«

oder

»Die Schlussszene, als die Schwester mit dem Chefarzt zusammenzieht, von dem sie ein Baby erwartet? OMG! So toll, ich musste totaaaal weinen!«

So in der Art.

3. Fragen. *Im Folgenden ein paar Fragen, die dir helfen sollen, eine Gesamteinschätzung des Romans zu formulieren. Um die Beantwortung dieser Fragen geht es mir vor allen Dingen. An ihnen kann ich ablesen, was gut/nicht so gut ankommt und entsprechende Änderungen vornehmen. Und zwar vor finalem Lektorat und Veröffentlichung, was mir eine unschätzbare*

Hilfe ist. Schließlich sollt ihr ja den besten Roman bekommen, den ich für euch schreiben kann.

Und hier sind die Fragen:

a. Welche Charaktere haben dir gut/nicht so gut gefallen und warum?

b. Gab es Stellen, an denen du vor Langeweile blättern wolltest und das vielleicht auch getan hast?

c. Gab es Stellen, die du nicht verstanden hast und die auch später im Roman nicht aufgelöst wurden? Wenn ja, wo?

d. Wie hat dir der Einstieg in die Story gefallen?

e. Konntest du einen Bezug zu HAUPTPERSON 1 und HAUPTPERSON 2 und dem GEGENSPIELER aufbauen? Wer ist dir sonst noch im Gedächtnis geblieben und wieso?

f. Welchem (Haupt-)Genre würdest du den Roman – ganz spontan – zuordnen?

Das war's schon. Du musst natürlich zu den einzelnen Punkten keine Romane schreiben, ein paar Stichpunkte wären schon ganz super und sind völlig ausreichend! Und du darfst natürlich auch gern eigene Fragen, Antworten, Kommentare, Meinungen kundtun. Die obigen Fragen dienen nur als Anhaltspunkte.

Danke!

Das war es dann auch schon.

Das heißt, ich erwarte von meinen Lesern nicht, dass sie meine miserable Rechtschreibung korrigieren oder Probleme für mich lösen, denn das ist *mein* Job als Autor und nicht ihrer. Sie sollen mir lediglich zeigen, an welchen Stellen es Probleme *gibt*, also ihr Lesefluss durch irgendetwas unterbrochen wurde.

Das allein ist Gold wert.

Wenn Sie gute (sprich: kritische!) Testleser haben, die Sie auf diese Stellen aufmerksam machen, stehen Ihre Chancen ausgezeichnet, ein wirklich richtig gutes Buch abzuliefern.

KAPITEL 18
SO FINDEN SIE EINEN GUTEN LEKTOR

Lektorat und Korrektorat sind unterschiedliche Dinge. Auch das gehört zu den Dingen, die ich nicht in diesem Buch erläutern möchte, weil man so etwas als Autor einfach wissen muss. Ausführliche Infos finden Sie auf den Websites der entsprechenden Dienstleister oder hier:
https://de.wikipedia.org/wiki/Korrektor
und hier:
https://de.wikipedia.org/wiki/Lektorat.

Das Resultat des Lektorats sind jede Menge (virtueller) gelber Klebezettel am Rand Ihres Manuskripts, wenn es zurückkommt. Da stehen dann Anschlussfehler, Logiklücken, Bemerkungen zu Stil und Ausdruck drauf und all das, was Ihrer Kontrolle und der Ihrer Testleser bis jetzt noch durch die Lappen gerutscht ist.

Das Korrektorat bezieht sich in aller Regel ausschließlich auf die richtige Schreibung von Wörtern und Satzgebilden. Und Kommas ... äh, ich meine, Kommata. Und ja, beides ist richtig.

Anschließend sollte Ihr Manuskript jedenfalls weitestgehend frei von dieser Art von Fehlern sein.

Und damit ist Ihr Buch dann endlich wirklich fertig.

Und wie finden Sie einen geeigneten Lektor?
Auch da gibt es eine einfache Methode.

Schauen Sie, wer das Lektorat bei Ihren Lieblingsbüchern gemacht hat. Wenn es sich dabei ausschließlich um Bücher handelt, die bei großen Verlagen erschienen sind, haben Sie ein kleines Problem, denn diese Lektoren sind üblicherweise an die Verlage gebunden und stehen Ihnen daher in aller Regel nicht zur Verfügung.

Also schauen Sie sich mal im Lager der Selfpublisher, auch bekannt als unabhängige oder *freie* Autoren, um. Gucken Sie sich auf den einschlägigen Verkaufsplattformen (Onlinebuchläden) ein paar Bücher an, von denen Sie meinen, sie klingen gut und kommen dem von Ihnen gewählten Genre nahe, und dann schauen Sie nach, wer außer dem Autor noch für das Resultat verantwortlich ist.

Bei den meisten E-Books können Sie in die ersten zehn Prozent des Buches kostenlos reinlesen, und das dürfte genügen, um sich ein Bild von der Schreibe des Autors und der Arbeit seiner Lektorin zu machen. Letztere ist nämlich üblicherweise auf den ersten Seiten namentlich genannt.

Aber natürlich sehen Sie hier nur ein fertiges Resultat und wenn es Ihnen nicht gefällt, muss das nicht zwangsläufig an der Arbeit des Lektors liegen. Der kann nämlich auch nur mit dem arbeiten, was er vom Autor bekommt.

Wenn Sie allerdings schon auf den ersten fünf Seiten eines angeblich »professionell lektorierten und korrigierten« Buches dreißig Rechtschreibfehler finden, sollten Sie definitiv nach einem anderen Dienstleister Ausschau halten.

Wenn Sie sich für Ihre Favoriten entschieden haben, nehmen Sie Kontakt zu den entsprechenden Lektoren auf und stellen Sie Ihr Anliegen vor. Lassen Sie sich ein Angebot machen. Unnötig zu erwähnen, dass Sie Lektorat und Korrektorat eines 250-Seiten-Buches nicht nur einen schlappen Fünfziger kosten wird. Aber es lohnt sich, also machen Sie das unbedingt!

Fragen Sie die Lektorin, ob sie bereit ist, Ihnen eine Probe ihres Könnens zu geben, wenn Sie Ihr ein paar Seiten Ihres Manuskripts zusenden. Dann können Sie sich ein Bild davon machen, wie *gründlich* sie vorgeht, und ob sie beide gut zusammenpassen. Das ist nämlich sehr wichtig. Dass Ihr Lektor versteht, was Sie wollen, und umgekehrt.

Außerdem ist es unabdingbar, dass sich Ihr Lektor in Ihrem Genre und mit Ihrem Zielpublikum auskennt. Das sollten Sie schon einigermaßen sichergestellt haben, indem Sie nach ihm oder ihr in den Büchern anderer Autoren gesucht haben, die im selben Genre tätig sind wie Sie. Eine Probe sollte Ihre letzten Zweifel beseitigen.

Wenn Sie sich für einen Partner entschieden haben, schicken Sie ihm Ihr komplettes Manuskript. Vergessen Sie nicht, sich auf einen zeitlichen Rahmen für das Projekt zu einigen, das heißt, bis wann Sie Ihr korrigiertes Manuskript zurückerhalten werden.

Klären Sie, inwiefern der Lektor Ihnen im Nachhinein für weitere Fragen zu seinen Bemerkungen zur Verfügung steht, oder ob Sie sich anschließend allein da durchbeißen müssen.

Und, um Himmelswillen, streiten Sie sich nicht mit Ihrem Lektor herum. Vergessen Sie, dass Sie ihm das Buch überlassen, damit er aus einem Rohdiamanten ein richtiges Buch macht. Und davon versteht er, wie erwähnt, vermutlich mehr als Sie und ich zusammen.

ZUM SCHLUSS

Vielen Dank, dass Sie sich die Zeit genommen haben, mit mir einen Kurztrip in die Welt des **Schreibens in drei Phasen** zu zu unternehmen. Ich hoffe, Sie gut (und vielleicht sogar ein bisschen lehrreich) unterhalten zu haben und dass Sie ebenso viel Spaß beim Lesen hatten wie ich beim Schreiben!

Dieses Buch sollte vor allem eines: Ihnen ein paar nützliche Werkzeuge an die Hand geben, die Sie gut gebrauchen können, wenn Sie Ihr nächstes Buch schreiben. Ich hoffe wirklich, dass es diese Mission erfüllt hat. Ganz nebenher haben Sie jetzt einen kleinen Einblick in ein paar der Methoden erhalten, die ich in meinem Buch und der dazugehörigen Website **www.StoryTurbo.de** vermitteln möchte.

Und ja, das ist jetzt ein bisschen Werbung, klar. Wenn Ihnen das auf die Nerven geht, müssen Sie ab hier nicht weiterlesen. Ehrlich. Wenn Sie mit dem Wissen in diesem Büchlein gleich loslegen wollen, nur zu! Und haben Sie bitte kein schlechtes Gewissen dabei! Ich würde mich allerdings sehr freuen, demnächst oder später wieder von Ihnen zu hören.

Viel wichtiger als all das ist mir jedoch, dass **Sie Ihr nächstes Buch schreiben**, und dass es ein echter Knüller wird. Wenn das passiert und ich auch nur das Mindeste damit zu tun hatte, würde mich das sehr glücklich machen.

Fangen Sie noch heute damit an, am besten jetzt gleich!

Wenn Sie jetzt aber doch ein wenig Lust auf Ihren persönlichen **StoryTurbo**, inklusive **Schritt-für-Schritt-Anleitung für jeden Tag, praktischer Übersichten zum Download** und einer **ganzen Wagenladung nützlicher Schreibtipps** bekommen haben sollten: Auf der nächsten Seite finden Sie ausführliche Informationen dazu.

Also, wir lesen uns und **Alles Gute für Ihr Buch!**

Ihr

L.C. Frey

Lesen Sie noch oder schreiben Sie schon?

StoryTurbo In 4 Wochen zum eigenen Buch

Ich hoffe sehr, Sie haben ein paar interessante Anregungen in meinem Büchlein **StoryTurbo-Tools** gefunden. Das war natürlich nur ein kleiner Vorgeschmack auf das, was ich zum Thema Schreiben zu sagen habe. Aber glücklicherweise habe ich das alles in einem Buch zusammengefasst.

Und weil wir uns ja nun schon ein bisschen kennen, möchte ich Ihnen gern verraten, worum es in diesem Buch denn eigentlich geht, und warum Sie es kaufen sollten.

Der **StoryTurbo Ratgeber** gliedert sich in fünf übersichtliche Teile.

I - Niemand schreibt ein Buch

Hier stelle ich die waghalsige Behauptung auf, dass noch kein vernünftiges Buch am Stück geschrieben wurde, sondern das Ergebnis einer guten Vorbereitung und verschiedener Überarbeitungsschritte des eigentlichen Textes ist. Diese nenne ich die Phasen des Schreibens, und es sind genau drei. Dazu gleich mehr. Nebenbei lernen Sie die wesentlichen Begriffe kennen, die jeder Autor zu diesem Thema beherrschen sollte. Sie lernen, wann es ratsam ist, auf Skeptiker zu hören und wann Sie sich lieber nicht reinreden lassen sollten.

II - Werkzeuge

Einen Teil davon kennen Sie jetzt bereits. Im Buch gehe ich noch ein wenig ausführlicher auf diese SCHREIBTOOLS ein und Sie lernen ein paar neue Tricks.

III - Das kleine Einmaleins

Das absolute Minimum an Theorie, dass Sie beherrschen sollten, wenn Sie ein gutes Buch schreiben wollen. Gemeinsam finden wir das Genre, das am besten zu Ihnen passt. In einem Schritt-für-Schritt-Plan entwickeln wir gemeinsam eine Idee, oder Ihre Idee weiter. Sie lernen, welche Art von Fragen für uns Schriftsteller von besonderer Bedeutung sind, um uns inspirieren zu lassen. Wir begegnen Dämonen, Hindernissen, Bösen und Guten. Und wir lernen, dass Backstory, Charakterbögen und sogar Strukturregeln von den meisten Anfängern maßlos überschätzt werden. Und von vielen sogenannten »Schreibgurus« leider auch.

IV - Die 3 Phasen des Schreibens

Hier geht es dann ans Eingemachte. Unser Schreibprozess teilt sich in drei Phasen, und die können Sie nach 4 Wochen abschließen. Ja, vier Wochen. Mehr braucht es nicht, um ein tolles Buch zu schreiben. Ich habe das selbst ein paar Mal gemacht. Und wenn Sie doch ein bisschen länger brauchen, ist es auch nicht schlimm. Ich verrate Ihnen, wie Sie Ihren persönlichen Zeitplan aufstellen.

Die 3 Phasen des Schreibens im Einzelnen:

Phase 1. Something from Nothing: Wie das Kapitel schon sagt: Wir machen aus gar nichts etwas. Das heißt, wir verwandeln Ihre Idee in eine spannende Reihe von Fragen, die uns beim Schreiben unter den Nägeln brennen - die beste Voraussetzung dafür, dass es unseren Lesern später genauso geht.

Wenn wir damit fertig sind, sind Sie im Besitz eines Kurzexposés und einer Übersicht Ihrer Szenen. Diese sind allesamt spannend bis zum Gehtnichtmehr und logisch nachvollziehbar miteinander verknüpft. Das ist sozusagen Ihre Story in Kurzform, Ihr Fahrplan für ...

Phase 2. Der Ritt auf dem Bullet Train: Bestens gerüstet gehen Sie in die nächste Phase. Jetzt wird es hart, denn in Phase 2 tun Sie wenig mehr als zu schreiben, den lieben langen Tag. Naja, nicht ganz. Nur so lange, dass Sie nicht die Lust daran verlieren. Dafür sorgen auch zusätzliche Tipps und Ermunterungen meinerseits. Das tun Sie 2

Wochen lang und erhalten im Resultat die erste Rohfassung Ihres Manuskripts.

Herzlichen Glückwunsch, Sie haben ein Buch geschrieben!

Phase 3. Das Finetuning: Das, was Sie in Phase 2 geschrieben haben, dürfte noch nicht all zu viel Ähnlichkeit mit einem veröffentlichungsreifen Buch haben. Machen Sie sich nichts daraus, das ist ganz normal und war das Ziel der Übung. In Phase 3 lernen Sie alles, das nötig ist, um Ihr Buch in Höchstform zu bringen - und wann die Zeit gekommen ist, es erstmals in fremde Hände zu geben. Na, sind Sie schon aufgeregt?

V - Bonus und Anhang

In diesem letzten Teil erhalten Sie von mir 2 nützliche mehrseitige »Spickzettel« zum Download, die Sie während Ihrer Arbeit am eigenen Buch unterstützen werden - praktisch, um sie während des Schreibens auf den Schreibtisch zu legen oder auch an eine Wand zu pinnen - Hauptsache, in Sichtweite. Damit Sie zu jeder Zeit wissen, wo Sie sind und was Ihre nächste Aufgabe ist.

Noch mehr Bonus!

Außerdem bringe ich ein wenig Licht ins Dunkel der Vorgänge, die hinter dem Veröffentlichen von Büchern stehen, sage ein paar Worte zu Titel, Cover, Klappentexten, Agenten, Verlagen und dem Thema Selfpublishing.

Sie wollen *noch* mehr? Okay!

Als Letztes finden Sie im Buch noch eine umfangreiche Literaturliste. Falls Sie irgendwann Bedarf haben sollten nach weiteren, richtig guten Ratgebern.

Aber erstmal schreiben Sie Ihr Buch, okay?

Story Turbo: Der Praxis-Ratgeber mit System

www.StoryTurbo.de
JETZT ist die beste Zeit, um Ihr Buch zu schreiben.

Die StoryTurbo-Methode wird Sie in die Lage versetzen, **in 4 Wochen oder weniger** das Buch zu schreiben, dass Sie schon immer schreiben wollten.

- Schieben Sie Ihr Manuskript schon viel zu lange vor sich her?
- Haben Sie die Nase voll von »eisernen Schreibregeln" und »todsicheren Geheimtipps«?
- Wollen Sie mehr als flüchtige Verkaufserfolge?
- Wollen Sie ein richtig gutes Buch schreiben, das die besten Chancen hat, ein Bestseller zu werden?
- Wollen Sie ein Vollblut-Autor werden?

Dann ist dies das richtige Buch für Sie!
Lesen Sie dieses Praxis-Buch - und beginnen Sie noch heute mit dem Schreiben!

L. C. Freys Bücher gehören zu den erfolgreichsten selbstverlegten Romanen der letzten Jahre. Seit 2013 hat er über zwanzig Bücher unter verschiedenen Pseudonymen veröffentlicht.

Jetzt lässt Sie der Autor erstmals in seine Karten blicken und enthüllt seine Methode, **in nur 4 Wochen einen Bestseller zu schreiben, und dabei auch noch jede Menge Spaß zu haben.**

Ein Buch über die Liebe zum Schreiben und wie man davon leben kann, ohne sich zu verbiegen.
Schreiben Sie Ihr bestes Buch - in 4 Wochen oder weniger!

- Schreiben in **drei Phasen mit einfachen, nachvollziehbaren Schritten, die Spaß machen!**
- Machen Sie Ihr Buch zum Erfolg: Keine Schablonen oder "Malen nach Zahlen" - Gehen Sie Ihren eigenen Weg zur kreativen Effizienz!
- **Komplettpaket Schreibpraxis:** Von der Ideen-Entwicklung bis zum kompletten Buch
- Mit vielen Praxis-Beispielen aus aktuellen Bestsellern
- **Ein Praxisguide für alle, die vom Schreiben (besser) leben wollen:** Egal, ob Anfänger oder erfahrener Profi.
- **inkl.** Schritt-für-Schritt-Anleitung für jeden Tag
- **inkl.** Downloads, Bonuskapitel und vieler Extras

Entdecken Sie die Leidenschaft des Schreibens und machen Sie Ihr Hobby zum Beruf!

Wenn Sie auch nur eines aus diesem Buch mitnehmen, dann, dass kreatives Schreiben pure Freude ist, die ungezügelte Lust am Schaffen, und die sollte dem Leser aus jeder Seite Ihres Buches entgegenspringen. Beginnen Sie noch

heute mit Ihrem Schreibabenteuer, am besten jetzt gleich! Legen Sie den Turbo ein und begleiten Sie mich auf der Reise mit dem Bullet Train!
Ihr
L.C. Frey

Mehr zur StoryTurbo-Methode, wöchentliche Schreibtipps und kommende Attraktionen finden Sie auf **www.StoryTurbo.de**

NO TOMATO
WARUM 25 MINUTEN NICHT GENÜGEN, UM IHR LEBEN ZU VERÄNDERN

Der kreative Weg zu mehr Fokus, Zeit und einem erfüllten Leben

HABEN SIE NOCH DIE KONTROLLE ÜBER IHR LEBEN?

In NO TOMATO teilt Bestseller-Autor Alex Pohl (alias L.C. Frey, Oliver Moros, Rita Hansen) die Methoden, mit denen er seit über zehn Jahren in einer ablenkungsreichen Welt Fokus und Inspiration findet, ohne auszubrennen - und dabei ein ausgewogenes und erfolgreiches Leben führt.

Und das ganz ohne Pomodoro-Timer.

SIND SIE BEREIT FÜR ECHTE VERÄNDERUNG?

Frisch, unterhaltsam und unverblümt - für alle, die genug haben von seichten Selbsthilfe-Floskeln, Tomaten-Timern und Kuschel-Coaching.

NO TOMATO bietet Einblicke in den kreativen Schaffensprozess und vermittelt dadurch praktische Strategien, um Fokus zu finden, Produktivität zu steigern und Prokrastination zu überwinden.

- **Turbo-Fokus:** Mit einem klaren Lebensziel zu einem erfüllten Leben ohne Ablenkung und Prokrastination
- **Priorisierung:** Darauf konzentrieren, was wirklich wichtig ist, und den Rest einfach bleiben lassen
- **Zeitmanagement:** Mit drei simplen Tools werden Sie zum Herrscher über Ihre Zeit -- und damit über Ihr Leben

Ob Sie selbst literarische Ambitionen hegen oder einfach Ihr Leben produktiver und erfüllter gestalten möchten – NO TOMATO ist Ihr persönlicher Leitfaden zu einem Leben voller Kreativität, finanziellem Erfolg und persönlicher Erfüllung.

Starten Sie in den spannenden Teil ihres Lebens!

Jetzt lesen!

GRATIS-BUCH
JETZT KOSTENLOS RUNTERLADEN!

Liebe Leserin, lieber Leser,

vielen Dank für Ihr Interesse an meinem Buch! Als kleines Dankeschön möchte ich Ihnen gern einen meiner erfolgreichsten Thriller **schenken**, den Sie auf der Website OliverMoros.de **kostenlos** erhalten, wenn Sie sich für meinen Newsletter anmelden. Dieser ist kostenlos und Sie können sich selbstverständlich jederzeit wieder abmelden.

Gratis: TODESZONE - Tatort Malmö: Thriller

**Ein Serienmörder auf freiem Fuß
Eine Stadt in Angst.
Nur eine Frau kann ihn stoppen - vielleicht.**

Erleben Sie dramatischen Nervenkitzel auf schwedische Art - in diesem rasanten Thriller von Bestsellerautor L.C. Frey!

Um das Buch zu erhalten, folgen Sie einfach diesem Link:
www.OliverMoros.de

BÜCHER VON L.C. FREY

Als L.C. Frey (Auswahl):

THE AGE OF STONE (fortlaufende Reihe, Fantasy)

DIE RIFTWELT-SAGA (5 Bände, Science Fantasy)

TARGET. Du bist das Ziel: Thriller

ENGEL DES BLUTES: Hard Boiled Thriller

TODESZONE: Tatort Malmö: Thriller

SO KALT DEIN HERZ: Thriller

TOTGESPIELT: Thriller

DIE SCHULD DER ENGEL : Sauers erster Fall

ICH BRECHE DICH: Sauers zweiter Fall

DRAAKK: Science Horror Thriller

Schreib-Ratgeber:

STORY TURBO: Besser Schreiben mit System

Als Oliver Moros (Die Edel&Stein-Thriller-Reihe):

ROSENBLUT (1)

TODESKREIS (2)

SÜNDENKREUZ (3)

ALTE SCHULD (4)

TODESZEILEN (5)

TOTER ENGEL (6)

RATTENFÄNGER (7)

LETZTE ZEUGIN (8)

SCHMERZ DER RACHE (9)

Als Alex Pohl:

UND RAUS BIST DU (Forever Ida-Reihe Bd. 1)

WIR ODER IHR (Forever Ida-Reihe Bd. 2)

ENDSPIEL (Forever Ida-Reihe Bd. 3)

EISIGE TAGE (Seiler&Novic-Reihe Bd. 1)

HEISSES PFLASTER (Seiler&Novic-Reihe Bd. 2)

STUMME HÖLLE (Seiler&Novic-Reihe Bd. 3)

Weitere Informationen finden Sie auf der Website des Autors

LCFrey.de

ÜBER DEN AUTOR

Mit über 2 Millionen verkauften Büchern ist **Alex Pohl** alias **L.C. Frey** einer der meistgelesenen Autoren Deutschlands. Er ist der Gastgeber des bekannten Video-Podcasts **Buchblase**.

Unter dem Pseudonym **Oliver Moros** schreibt er die Bestseller-Thriller-Reihe *Kripo Berlin: Edel und Stein ermitteln*. Alex Pohl ist Co-Autor des **Nr.1-SPIEGEL-Bestsellers** *Abgefackelt* des Rechtsmediziners **Prof. Michael Tsokos**.

Seine Bücher erscheinen bei namhaften Publikumsverlagen (**Penguin Random House, cbt Jugendbuch, Droemer Knaur, Amazon Publishing**) sowie im Eigenverlag.

Im März 2022 veröffentlichte er den über 1.600 Seiten starken, postapokalyptischen Multi-Genre-Roman *Die Riftwelt-Saga*.

Er ist Autor der erfolgreichen Epic Fantasy-Reihe *The Age of Stone* um den wortkargen und schlagkräftigen Ex-Söldner namens Stone.

Als **Rita Hansen** schreibt er die spannende, humorvolle Inselkrimi-Reihe *Hansen & Sturm ermitteln*.

2024 wurde er mit dem Krimi-Preis *Herzogenrather Handschelle* für herausragende Kriminalliteratur geehrt.

Aktuelle Veröffentlichungen finden Sie **hier**.

Der Autor lebt und arbeitet in Leipzig.

www.LCFrey.de

facebook.com/lcfrey.autor
instagram.com/lcfrey.autor

www.ingramcontent.com/pod-product-compliance
Lightning Source LLC
Chambersburg PA
CBHW020448220526
45464CB00002B/912